Fran

Entretiens

avec Michel Archimbaud

Préface de Milan Kundera

Gallimard

A la mémoire de Francis Bacon

Pour Éric Adda

La première édition de cet ouvrage
est parue aux Éditions Jean-Claude Lattès en 1992.

Préface

LES MOTS DE BACON

Rien ne peut mieux initier à l'art qu'écouter parler de grands artistes. Mais le savent-ils encore ? Le poids du discours universitaire pèse si lourdement sur eux que, même s'ils parlent de leur pratique, ils ne s'expriment plus comme des artistes (simplement) mais comme des professeurs (en jargonnant, en théorisant). C'est ce contre quoi, autrefois, se rebiffait Gombrowicz : les artistes en parlant de l'art ont perdu leur propre langue ; ils ont succombé à la règle de notre époque : « Plus c'est savant, plus c'est bête. » C'est avec un plaisir d'autant plus grand que j'ouvre le livre d'entretiens avec Francis Bacon que l'ami de la dernière période de sa vie, Michel Archimbaud, vient de publier. Voilà une conversation où tout est aussi surprenant que simple.

La première question d'Archimbaud commence : « Francis Bacon, nous sommes dans votre atelier... » Atelier : le mot clé. L'artiste nous a invités dans son atelier et c'est là, entouré de son œuvre, qu'il nous parle. Nous n'entendons pas une « leçon d'esthétique » mais une « confession esthétique ». Il parle de choses très concrètes (l'argent et la peinture, l'encadrement des tableaux, etc.), de sa façon de peindre, et surtout d'autres peintres, musiciens, écrivains. Traitant quelques-uns avec admiration (Picasso en premier lieu, Cimabue, Rembrandt, Géricault, Van Gogh, Seurat, Shakespeare, Balzac...), d'autres avec des critiques très franches. Il est souvent injuste ? Bien sûr, et il ne le nie pas : « Je sais que beaucoup de gens, réellement compétents en peinture, aiment énormément Paul Klee, mais il ne me dit rien à moi. » Ou encore : « Le côté mystique de William Blake me déplaît énormément. » Ou bien cette belle remarque d'actualité : « Tout le monde aime Vermeer, sauf moi. » L'esthétique personnelle de tout artiste se forme en opposition à d'autres esthétiques. En parlant des autres (avec éloge ou avec réserves), l'artiste s'explique lui-même. Il explique la situation présente de l'art : la richesse des possibilités esthétiques auxquelles il réagit. Si Bacon dit ne pas aimer Beckett, cela ne rend pas Beckett moins grand mais nous fait comprendre magnifiquement le grand Bacon.

(À propos, pourquoi cette réserve à l'égard de Beckett ? C'est que ce rapprochement s'impose trop et que Bacon a horreur d'être classé. Il veut, comme chacun de nous, que son œuvre soit perçue comme quelque chose d'incomparable, d'unique, de riche en significations multiples, et non pas comme un « exemple simplifié » d'une certaine modernité, d'un certain courant, voire d'un certain pessimisme. Pourchassé, il veut brouiller les pistes. Tous les grands artistes le font pour ne pas se laisser attraper et momifier de leur vivant.)

« Qui sont les peintres contemporains importants pour vous ? – Après Picasso, je ne sais pas trop. [...] – Warhol ? – Pour moi il n'est pas important. » Et un peu plus loin : « C'est vrai qu'aujourd'hui je n'admire personne, que je trouve que les jeunes ne sont pas très valables, que nulle part dans le monde, que ce soit en France ou aux États-Unis, il n'y a rien de bien intéressant... » Aucun mépris dans ces mots. Seulement de la mélancolie. Car il est seul, Bacon, et il le sait. Isolé non seulement de ses contemporains (qui ne lui paraissent pas valables) mais aussi de ses successeurs (car l'avenir de la peinture ne semble pas l'enchanter). Mais assez. Je voulais seulement dire que ce petit livre est une merveille qui fera un immense plaisir aux amateurs d'art moderne (s'il y en a encore à cette époque de « Restauration de velours » généralisée).

MILAN KUNDERA

FRANCIS BACON

(1909-1992)

C'était un mardi de la fin du mois d'avril, au début de l'après-midi. J'occupais alors, chez un éditeur parisien, un bureau auquel on accédait par un escalier très pentu et un peu branlant, un escalier comme on en trouve dans les maisons hollandaises, bien raide, bien étroit, un escalier de marin comme celui par lequel on montait à l'atelier de Francis Bacon, à Londres.

La sonnerie du téléphone retentit. Une amie m'apprenait la mauvaise nouvelle. « La radio vient d'annoncer la mort de Bacon. — Oh non, pas lui, il était si gentil. » Gentil, Bacon ? Quel surprenant qualificatif avais-je spontanément employé pour évoquer le peintre de la cruauté, de la « brutalité des faits », des chairs à vif sous des lumières blafardes, des visages déformés, des corps troués qui se liquéfient et se vident de leur substance, de la douleur de vivre offerte au regard du spectateur. « Gentil, Bacon ? », avait relevé, un peu surprise, mon amie. Oui, d'une grande gentillesse, d'un abord incroyablement simple et chaleureux, d'une vraie générosité de cœur et d'esprit.

À l'époque où je l'ai rencontré, il était malade. Malade de son asthme, son compagnon de toujours qui l'obligeait régulièrement à utiliser la bouteille d'oxygène prête à servir au pied du lit, en proie à d'importants troubles pulmonaires et à des problèmes cardio-vasculaires qui, à la fin, devaient avoir raison de lui. Il était malade, et pourtant d'une intensité, d'une « vivance », dirait Anzieu, comme je n'en ai que rarement rencontré et qu'atteste souverainement son œuvre. Vivant, toujours prêt, toujours partant, jamais sommaire, fulgurant dans l'échange, drôle, simple, heureux de la rencontre, du dialogue, d'une curiosité à l'égard d'autrui toujours en éveil, d'une disponibilité qui ne me fut jamais comptée. Quand je lui téléphonais et qu'il ne pouvait me répondre, il me disait simplement : « Rappelez-moi tout à l'heure, Michel, je ne peux pas vous parler pour l'instant, je suis avec la machine, cette foutue machine. » D'autres qui l'ont mieux connu que moi pourront trouver l'adjectif « gentil » mal approprié pour évoquer son souvenir. Quatre ans plus tard, c'est ce même terme pourtant, aussi mièvre et déplacé semble-t-il, qui s'impose à moi quand je repense à lui. Oui, Francis Bacon fut un homme d'une souveraine gentillesse au sens où la gentillesse est tout à la fois amabilité et générosité.

Il disait volontiers qu'il ne comprenait pas pourquoi les gens trouvaient ses toiles violentes, que pour lui la vie était tellement plus violente. Nulle pose dans de telles déclarations. Je pense qu'il avait raison de se définir comme un « optimiste désespéré ». Sa joie d'être en vie, la formidable acuité de sa perception du monde et des autres s'imposaient, en dépit de l'âge, de la maladie, de la douleur d'être. Il avait côtoyé la mort psychique, avait ressenti l'insoutenable viol de l'enfance, la honteuse chiennerie humaine. D'autres ne s'en seraient pas remis. Lui travailla, s'arrêta, douta, recommença, s'obstina,

« serra sa chance ». Il parvint à donner forme à ce manque d'être dont il était fait. À la déliquescence, à ce qui se vide, s'effondre, s'altère, se putréfie, ne cesse de saigner, de suinter, de souffrir, il opposa la contrainte du cadre, la rigueur de l'expression, l'obstination du désespoir. Il ne chercha pas à édulcorer, à atténuer, il fit front, plongea au plus profond et de sa plongée rapporta des abysses des monstres effrayants, des espèces dont on soupçonnait l'existence, mais que personne avant lui n'avait jamais encore révélées.

Il me semble cependant que l'on ne peut réduire la puissance de son œuvre à la seule violence fascinante et répulsive de ses images. A-t-on suffisamment souligné la beauté de sa palette, ses oranges qu'il aimait tant, ses mauves acidulés, ses verts translucides aussi angoissants que somptueux, ses bleu roi violents, ses jaunes à hurler, ses roses que seul Matisse peut-être avant lui, mais dans un tout autre registre, avait su manier avec une pareille maîtrise ? Une maîtrise étonnante pour dire tout à la fois l'horreur de ce que l'on ressent et la beauté de ce qui est donné à voir. Une capacité formidable de ne rien laisser s'échapper du cauchemar tout en le révélant avec une vivacité inouïe. Dans un même geste l'horreur et la beauté, l'obscène et le sublime.

A-t-on suffisamment insisté aussi sur l'étonnante transformation de la peinture qu'opéra celui-là même auquel toute consistance semblait échapper, car Bacon est pleinement moderne : la peinture ne peut plus être illustrative, mais la subversion du classicisme ne signe pas pourtant la mort de la peinture, elle en est bien plutôt le renouvellement. Ainsi qui d'autre en notre siècle sut mieux que lui subvertir l'art du portrait et de l'autoportrait ? Bacon ne se payait pas de mots, il avançait avec l'énergie du désespoir. Paradoxe certes de qui, désespéré, n'abdique pourtant jamais.

Je me suis longtemps demandé qui de Matisse ou de Masson avait raison, de celui qui « rêvait d'un art d'équilibre (...) sans sujet inquiétant », ou de celui pour qui au contraire l'art avait pour tâche de rendre compte de la violence de l'existence. Dernièrement, en regardant des toiles de Bacon, je me suis dit que sa peinture réconciliait peut-être ces deux positions, qu'on trouvait chez lui tout à la fois la violence de l'image et la solidité du cadre, la cruauté de la vie et sa beauté, que si son propos était terrible, la forme dans laquelle il l'exprimait était d'un goût incomparable. Ne pas se voiler la face, mais dans le chaos ne pas ignorer la beauté, montrer l'horreur sans renoncer à l'harmonie, tenter de donner forme à ce qui n'en a jamais eu, figurer l'angoisse, n'est-ce pas là la plus haute tâche, la plus ardue, la plus nécessaire aussi ?

Les entretiens que j'ai eus à Londres avec lui entre octobre 1991 et mars 1992 et qui devaient se poursuivre à Paris à son retour de Madrid ont, je l'espère, gardé la trace de cette souveraineté dans l'échange qui le caractérisait. Lorsque la première édition de ce livre est parue, un de ses amis m'a dit avoir entendu sa voix résonner au long de ces pages. Si tel est le cas, alors le texte qui suit aura trouvé sa pleine justification.

MICHEL ARCHIMBAUD

Premier entretien

MA – Francis Bacon, nous sommes dans votre atelier; sur les murs et tout autour de nous, il y a des photographies. Qu'est-ce que la photographie représente pour vous? Est-ce un art à part entière, ou plutôt de la documentation pour votre travail?

FB – Pour moi, les photos ne m'intéressent que comme documents. Bien sûr, il y a des artistes parmi les photographes, mais ce n'est pas cet aspect-là que je considère.

MA – Néanmoins vous avez souvent utilisé la photographie dans votre travail?

FB – Pas exactement. Je sais que les gens pensent que je m'en suis servi souvent, mais ce n'est pas vrai; c'est parce que j'ai été le premier à admettre que j'y avais recours. C'est pour ça que l'on a pensé que je l'avais souvent utilisée. Mais vous savez, quand je dis que ce sont de simples documents pour moi, je veux dire que je ne m'en sers pas du tout comme modèle, vous comprenez? La photo, au fond, c'est un moyen d'illustrer, et l'illustration ne m'intéresse pas.

MA – Pourtant je crois savoir qu'au moins à une époque la photographie a eu une grande importance pour vous.

FB – Oui, bien sûr, à un moment j'ai regardé beaucoup de photos, toutes sortes de photos.

MA – Lesquelles vous ont le plus marqué?

FB – Oh, je ne sais pas, les photos d'actualité, les photos d'animaux sauvages, les photos de Muybridge, des photos scientifiques, comme dans ce livre sur les maladies de la bouche que j'avais trouvé à Paris, il y a très longtemps, et qui m'avait énormément intéressé...

MA – Les photos de Muybridge?

FB – Oui les photos sur la décomposition du mouvement. Bien sûr ça m'a beaucoup intéressé. J'ai énormément regardé ces photos à une époque.

MA – Comme un témoignage de la distorsion des corps dans le mouvement?

FB – Ah non! Ça, je le fais moi-même, ce ne sont pas les photos!

MA – Pourtant la décomposition du mouvement par la photo a beaucoup servi aux peintres, comme Degas, pour étudier par exemple le galop des chevaux?

FB – Oui, mais pas pour moi. Vous savez, depuis l'invention de la photo, la peinture a vraiment complètement changé. Nous n'avons plus les mêmes raisons de peindre qu'autrefois. Le problème, c'est que chaque génération doit essayer à sa façon de travailler. Vous voyez aussi, dans mon atelier, il y a ces photos qui sont un peu partout sur le sol, tout abîmées. Je m'en suis servi pour faire des portraits d'amis et puis je les ai gardées. C'est plus facile pour moi de travailler à partir de ces documents qu'à partir des personnes elles-mêmes; comme ça je peux travailler seul, et je me sens beaucoup plus libre. Quand on travaille, on n'a pas envie de voir des gens, même des modèles. Mais ces photos, c'était des aide-mémoire, cela m'aidait à préciser certains traits, certains détails. Ça me servait. Ça avait simplement une utilité.

MA – Est-ce que vous diriez la même chose du cinéma? Est-ce que le cinéma a pu avoir une utilité pour vous?

FB – Ah oui! Mais c'est un peu différent. Il y a des films que j'ai beaucoup aimés. Peut-être ont-ils eu une influence sur moi... *Le Cuirassé Potemkine* d'Eisenstein, par exemple, ça a été un choc quand je l'ai vu. Vous vous rappelez, quand la voiture d'enfant descend les marches. Cette femme qui hurle et tout le reste du film... Ah oui, le cinéma, c'est du grand art! Et puis, à l'époque du muet, l'image avait une très grande force. Les images du muet étaient parfois très puissantes, très belles. Vous savez, je me suis souvent dit que j'aurais aimé être metteur en scène, si je n'avais pas été peintre.

Malheureusement, il y a toujours eu des problèmes avec l'argent, au cinéma. Par exemple Eisenstein, justement, au début, c'est le gouvernement soviétique qui l'a financé et il a pu réaliser ainsi ses premiers films. C'était aussi pour la propagande du nouveau régime, mais néanmoins il a pu faire des grands films. Ça n'a pas duré longtemps et il a dû chercher rapidement des financements, et bien sûr les gens qui vous donnent de l'argent veulent presque toujours se mêler de ce que vous faites. *Que viva Mexico*, le film qu'il a tourné au Mexique, ne peut pas être considéré comme une de ses réalisations parce qu'il a eu d'énormes difficultés avec les financiers de cette entreprise, qui l'ont empêché de monter son film comme il l'entendait et ont même commercialisé des versions tronquées et pseudo-montées. Ses ennuis ont été considérables et c'est ça, au cinéma, ce que je n'aurais pas pu faire : être obligé de dépenser tant d'énergie seulement pour parvenir à réunir les conditions matérielles de la création. Il faut déjà tellement se bagarrer avec ce que l'on fait, alors chercher de l'argent, lutter pour cela... Vous savez, Einsenstein, on peut facilement imaginer que les difficultés dans lesquelles il s'est débattu toute sa vie, et particulièrement à cette époque-là pour pouvoir réaliser ses films, ont fini par avoir raison de lui et ont hâté sa fin.

Au moins, avec la peinture, les conditions matérielles à réunir pour en faire ne nécessitent pas des choses extraordinaires : de la peinture, des pinceaux, des toiles. Bien sûr, tout cela coûte de l'argent, mais je crois qu'on peut y arriver même quand on est jeune, qu'on commence et qu'on n'a pas du tout d'argent.

MA – Mais pour revenir à ce que nous disions : le cinéma, pour vous, ce n'est pas comme la photographie. Ça n'est pas seulement utile, ça produit aussi des chocs, des émotions?

FB – Oui, mais la photo ça produit aussi des émotions. Je ne sais pas bien. Qu'est-ce que vous en pensez, vous?

MA – Oui, je suis parfois impressionné par des photos, mais bien sûr au cinéma, avec le mouvement et puis aussi la succession des plans et le son, la couleur, il y a tellement de choses, ça peut être tellement ample le cinéma, son langage. Peut-être que ça fait passer plus facilement les émotions? Avant les gens au cinéma pleuraient, riaient; il y avait une vie incroyable dans les salles. Le succès de Chaplin, par exemple, s'explique par l'incroyable réceptivité du public à son égard. Il y avait comme une sorte d'osmose entre son public et lui.

FB – Oui, mais c'était vrai avant. De toute façon, j'ai l'impression que le cinéma est devenu bien autre chose que ce que l'on pouvait en attendre, qu'il a vraiment des possibilités fantastiques qui ne sont pas exploitées.

MA – A part Eisenstein, y a-t-il d'autres cinéastes que vous appréciez?

FB – Vous savez, Eisenstein était vraiment un grand metteur en scène, Buñuel aussi, bien sûr. Il y a des images très fortes chez Buñuel. Aussi Resnais, mais il ne m'a pas touché pareillement. C'est quelqu'un que j'aime, mais ce qu'il a fait ne m'a pas influencé. Il y a Godard aussi. J'aime certains de ses films. C'est un cinéaste très original, et en même temps on sent qu'il a beaucoup vu, beaucoup pensé au cinéma. Il est à la fois instinctif et cérébral. En fait, on a commencé en France à faire des choses vraiment remarquables avec Resnais et Godard, mais comme je vous le disais, j'ai l'impression qu'on n'a pas continué d'avancer, que le cinéma en est resté à un stade finalement très primitif. En tout cas, je ne sais pas si ces images ont pu m'influencer. On ne sait jamais d'ailleurs ce qu'une image produit en vous. Elles entrent dans le cerveau, et puis après on ne sait pas comment c'est assimilé, digéré. Elles sont transformées, mais on ne sait pas comment.

MA – Vous parliez tout à l'heure des rapports entre le cinéma et l'argent et vous disiez que vous n'auriez pas pu être cinéaste à cause des pratiques d'argent dans ce métier et des tensions pour les créateurs que ces pratiques représentent.

FB – Oui.

MA – Que pensez-vous de la place qu'occupe l'argent aujourd'hui dans le monde de l'art? Avez-vous l'impression que le marché oriente la création; y a-t-il là quelque chose de comparable avec les pratiques des grands producteurs de cinéma, à l'âge d'or d'Hollywood, qui imposaient aux cinéastes des contraintes considérables, intervenaient sur le montage final des films, orientaient en définitive la création au nom du goût du public?

FB – Non, ce n'est pas ça, je ne crois pas. Le problème concerne plutôt l'aide dont on a besoin quand on commence à peindre. Quand j'étais jeune, ce ne sont pas les marchands qui m'ont aidé. J'ai eu des amis qui m'ont fait confiance. Quand on est jeune, j'ai l'impression que l'on peut toujours trouver des gens qui s'intéressent à vous et à ce que vous faites. A cet âge-là de la vie, tout est différent. Mais c'est évident que la plupart du temps, lorsqu'un jeune se lance, il n'a pas d'argent, et cela peut poser des problèmes pour qu'il en trouve. Moi je me suis toujours débrouillé, mais j'étais un peu prêt à tout... Je pense que je me serais toujours débrouillé. Pour ceux qui commencent, avoir suffisamment d'argent pour pouvoir travailler peut poser de vrais problèmes.

MA – Mais justement, dites-moi, comment cela s'est-il passé pour vous avec l'argent depuis votre adolescence? Vous avez fait, je crois, des tas de petits boulots avant de vous consacrer totalement à la peinture?

FB – Oui, en effet. Mes parents étaient

tout à fait opposés à ce que je devienne artiste. Mon père, avec qui je ne m'entendais pas bien, ne voulait pas m'aider. Il ne voulait rien savoir de cela et il n'était pas question pour lui de m'entretenir. A l'époque, en Irlande, rien n'obligeait les parents à aider financièrement leurs enfants. Il n'y avait pas de protection de l'enfance. Lorsque j'ai eu seize ans, néanmoins, ma mère m'a versé une pension de trois livres par semaine. Vous savez, à cette époque-là on pouvait vivre avec trois livres. J'ignorais encore que je me consacrerais à la peinture. C'est venu après. Je suis d'abord parti à Londres, puis à Berlin. J'ai passé quelque temps à Paris et puis je suis revenu à Londres. Là j'ai fait plein de métiers différents.

MA – Vous avez été décorateur?

FB – Oui, mais j'ai horreur de ça. D'une certaine manière, la décoration c'est le contraire de la peinture, son antithèse. Je déteste d'ailleurs la peinture qui tend à la décoration.

MA – Vous avez exercé d'autres métiers?

FB – Oui, j'ai aussi été cuisinier.

MA – Cuisinier?

FB – Oui, j'étais bon cuisinier...

MA – Vous faisiez des boulots qui n'avaient rien à voir avec la peinture. Pendant ce temps, peigniez-vous?

FB – C'est après mon séjour à Paris, où j'avais vu une exposition Picasso, que je me suis dit que j'allais me mettre à peindre. Mais ces boulots, c'était très embêtant; heureusement, au bout de quelque temps, j'ai rencontré des gens qui m'ont aidé.

MA – Quels ont été ces gens?

FB – A la fin des années 20, j'ai connu un homme qui habitait à Chelsea, avec sa femme et ses deux enfants. Un jour il est venu me trouver, il a été très intéressé par ma peinture et, à partir de ce moment-là, il a commencé à me venir en aide sans jamais me faire défaut.

MA – Et il vous a aidé pendant longtemps?

FB – Ah oui, pendant presque quinze ans ! Il m'a donné de l'argent. C'était quelqu'un qui avait de la fortune.

MA – Si je comprends bien, par rapport à ce que l'on disait tout à l'heure, c'est quelqu'un qui vous a aidé, mais sans chercher à intervenir dans votre travail, en vous laissant libre de faire comme vous l'entendiez ?

FB – Oui, il avait une grande confiance en moi et en même temps il suivait très attentivement ce que je faisais ; au fond, je pense qu'il m'a influencé dans beaucoup de domaines. Il a vraiment eu une grande importance pour moi. C'est lui qui, par la suite, a donné les trois figures de la *Crucifixion* à la Tate Gallery. Au début ils n'en ont pas voulu, il a fallu qu'il insiste pour que finalement ils les acceptent.

MA – Quel était le nom de cette personne ?

FB – Eric Hall.

MA – Vous avez donc eu rapidement

des gens pour vous acheter des toiles et vous avez pu commencer à vivre de votre travail ?

FB – Non, ça ne s'est pas passé comme ça. Comment j'ai commencé à vendre des tableaux ? J'ai connu ici à Londres un peintre, qui est mort maintenant, et qui s'appelait Graham Sutherland. Il avait beaucoup de succès. Il s'est intéressé à ce que je faisais. Il a parlé de moi à Erika Brausen qui avait la Hanover Gallery. Elle est venue me voir et elle m'a tout de suite acheté la grande toile que j'ai faite, qui est aujourd'hui au Museum of Modern Art à New York. C'est comme ça que ça a commencé. Je crois bien que c'est le premier tableau que j'ai vendu. Mais bien sûr, avant, toutes les années auparavant, il y avait eu Eric Hall qui m'a vraiment beaucoup aidé.

MA – Puisque vous évoquez votre première vente à une galerie, parlez-moi des rapports que vous avez eus avec les marchands. Après la Hanover Gallery, vous avez tout de suite été exposé par la Marlborough?

FB – Non, c'est venu quelques années plus tard... Erika Brausen n'avait pas d'argent, elle-même, et il fallait qu'elle se procure des soutiens financiers pour faire tourner la galerie. Peu après que je l'ai connue, elle a trouvé un Américain pour sa galerie, et cet Américain n'a pas aimé ma peinture. Plus tard elle a trouvé une autre personne qui n'a pas aimé non plus ce que je faisais. Alors elle a continué à me donner de l'argent pour que je puisse peindre et acheter des toiles, mais à un moment, ça n'a plus été possible à cause de ces histoires de gens qui n'aimaient pas mon travail, et c'est à ce moment-là que la Marlborough m'a contacté. Ils ont payé mes dettes. Et voilà.

MA – En fait, dans votre cas, c'est votre premier marchand qui a été contraint par des commanditaires à se séparer de vous. Les difficultés avec les gens d'argent ont concerné votre marchand d'abord, puis vous ensuite. Mais vous d'une façon indirecte. Ce n'est pas exactement comme dans le cas d'Eisenstein dont on parlait tout à l'heure, mais en définitive le résultat n'est-il pas un peu le même?

FB – Non, pas exactement. Comme je vous l'ai dit, je me serais toujours débrouillé.

MA – Et aujourd'hui, que représente l'argent pour vous?

FB – Je suis très content d'en avoir. Je n'avais jamais imaginé faire de l'argent avec ma peinture lorsque j'ai commencé. J'ai eu de la chance que les gens aiment mes tableaux et les achètent, sans qu'au fond je comprenne vraiment pourquoi.

MA – Le marché de l'art, c'est quelque chose qui vous déplaît?

FB – Non.

MA – La cote incroyable de vos toiles?

FB – Je n'ai pas de réaction particulière par rapport à ça. C'est le travail des marchands. Ils m'achètent mes toiles et puis ils se débrouillent. J'ai de l'argent, mais les prix que vous voyez dans les ventes, ce ne sont pas les sommes que je touche. Je suis riche, mais pas autant que les prix que mes tableaux atteignent pourraient le laisser croire. C'est ainsi, c'est le système qui veut ça.

MA – Et ça vous déplaît ?

FB – Non.

MA – Mais les marchands ont eu une réelle importance dans l'histoire de la peinture. En France, par exemple, il y a eu de grands marchands : Durand-Ruel, Vollard, Kahnweiler. Y a-t-il eu des marchands de cette trempe en Angleterre ? Vous-même, en avez-vous rencontré ?

FB – Non, la confiance des marchands ne m'est venue malheureusement que lorsque j'ai fait de l'argent. Pas avant, mais c'est peut-être l'époque qui voulait cela.

MA – Comment cela ?

FB – Peut-être était-ce plus facile d'être marchand avant ? Je ne sais pas.

MA – Vous venez de dire que vous ne saviez pas pourquoi les gens avaient commencé à acheter vos toiles. Que représente pour vous l'intérêt des autres pour votre œuvre? Cela vous touche-t-il ou pas du tout?

FB – Le regard des gens sur ma peinture, ce n'est pas mon problème, c'est leur problème. Je ne peins pas pour les autres, je fais de la peinture pour moi-même.

MA – Êtes-vous conscient de l'engouement que vous avez suscité partout dans le monde, tant auprès des jeunes que des gens plus âgés?

FB – Non, pas vraiment. J'ai eu de la chance sûrement, c'est un hasard si ce que je fais intéresse les autres. Je suis très heureux que ça puisse arriver, bien sûr. Mais je crois qu'on ne sait jamais ce qui va intéresser les autres, moi, je ne peux pas le prévoir, ce n'est pas du tout par rapport à cela que je travaille! De plus on doit attendre longtemps avant de savoir si un peintre s'imposera ou non. Ça prend cinquante, cent ans après la mort. Avant, du vivant de l'artiste, l'intérêt qu'on lui porte peut très bien n'être qu'un phénomène passager, une mode.

MA – Mais vous vous rendez compte de l'influence que vous avez eue et que vous avez encore sur les autres artistes? Des gens comme Velickovic, Rebeyrolle, me semblent avoir été influencés directement par votre travail?

FB – J'ai connu Velickovic. Il m'avait demandé à une époque de lui acheter à Londres un Muybridge parce qu'il avait perdu celui qu'il avait et qu'il n'en retrouvait pas à Paris. Je lui en ai obtenu un. C'est un homme charmant, mais je ne pense pas que je l'ai influencé. Peut-être un peu, mais son travail s'est inspiré plutôt des photos de Muybridge. Dans ses œuvres, du moins celles que j'avais vues à une époque, mais je n'en ai pas revu depuis longtemps, il y avait des hommes ou des femmes marchant ou quelque chose comme ça; je n'ai pas réalisé de telles choses.

MA – Et Rebeyrolle?

FB – Non, je ne crois pas. Non, vraiment, je n'ai jamais pensé que j'avais de l'influence. A vrai dire je n'y ai jamais même réfléchi.

MA – Vous concevez cependant qu'un jeune peintre, aujourd'hui, puisse se réclamer de vous?

FB – Oui, bien sûr, mais ça c'est normal, ça a toujours été ainsi. Les jeunes sont influencés par leurs aînés ou par les anciens. Moi, à une certaine époque de ma vie, j'ai été très influencé par Picasso. En fait, « influence » n'est peut-être pas le mot exact, et d'ailleurs je crois que Picasso ne l'aurait pas employé. Disons peut-être que Picasso m'a aidé à voir... Non, à voir, ce n'est même pas ça... Quoi qu'il en soit, je l'admirais énormément. Pour moi, c'était le génie du siècle. Tout ce que je voyais de lui en ce temps-là avait une répercussion énorme en moi. Ça m'a beaucoup changé. C'est, comme je vous l'ai dit, en voyant une exposition de lui chez Rosenberg à

Paris que j'ai décidé de commencer à m'essayer à la peinture. Certaines des choses que j'ai faites alors ont été très influencées par lui. Par la suite je ne sais pas. Je crois que j'ai été influencé par tout ce que je voyais. Mais justement, Picasso aussi était influencé par tout. Il était comme une éponge qui absorbe tout. Et c'est à cela que je pense quand je parle d'influence, quelque chose comme ce phénomène de l'éponge qui absorbe tout.

MA – Et puisqu'on parle d'influences, quels sont les peintures qui ont influencé le jeune Francis Bacon? Picasso en tout premier lieu donc?

FB – Oui. A la fin des années 20, j'ai vu cette exposition, ce n'était peut-être pas la meilleure, mais ça m'a énormément impressionné. Je crois que Picasso était naturellement un très grand dessinateur, et c'est surtout la capacité qu'il avait de toujours faire quelque chose de nouveau qui était extraordinaire. Il y a beaucoup de choses de lui que je n'aime pas, peut-être les neuf dixièmes de ce qu'il a fait, mais il a réalisé des œuvres remarquables à toutes les périodes de son existence et en se renouvelant à chaque fois. Et ça c'est extraordinaire. Dans une œuvre aussi vaste, on ne peut pas de toute façon tout apprécier. Par exemple, ce qu'il a fait à partir des *Ménines* de Vélasquez, je n'aime pas du tout. Je trouve que ça n'a pas du tout « marché ». Mais en ce qui concerne les variations sur un même thème, les choses ne sont pas simples. Je me souviens d'une discussion avec Giacometti sur ce sujet. Il me disait : « Mais pourquoi toutes ces variations ? » Je ne crois pas qu'il était vraiment contre ce principe ; en me posant la question, il voulait seulement que le problème soit soulevé. En fait, les variations chez Picasso se sont parfois révélées intéressantes. Mais par contre ce qu'il a fait à partir du *Déjeuner sur l'herbe* de Manet, comme pour *Les Ménines*, je ne trouve vraiment pas ça réussi.

Vous savez, je connais quelqu'un, qui habite près d'ici, qui a acheté beaucoup de Picasso des dernières années. Je ne les trouve pas très intéressants. Bien sûr, ils sont peut-être remarquables pour un homme de son âge, mais je ne crois pas qu'il y a grand-chose à retirer de ces œuvres-là, du moins pour moi. Le meilleur de cette période, c'est peut-être *La Pisseuse*, mais il y a beaucoup d'autres œuvres qui frisent la caricature. C'est vrai qu'il y a souvent un côté caricatural dans le grand art, mais pour moi, d'une façon générale, les derniers Picasso sont trop caricaturaux. Je n'aime pas non plus la plupart des toiles de la période cubiste, que je trouve trop décoratives; elles ne me disent rien du tout. Ce sont encore des variations, un mélange à partir du travail de Cézanne et des découvertes de l'art nègre. C'est une période qui ne m'apporte rien.

MA – Et *Guernica*?

FB – Je n'aime pas non plus *Guer-*

nica. Les gens sont devenus dingues avec cette toile. Bien sûr, l'importance de cette œuvre comme événement historique est considérable, mais je ne crois pas qu'elle fasse partie des meilleures choses de Picasso. Enfin je ne sais pas, en tout cas cela ne me touche pas. Pour moi, les meilleures choses qu'il a faites se situent entre 1926 et 1932. C'est la période où il a peint ces personnages sur les plages. A Juan-les-Pins, mais ailleurs aussi, dans le Nord de la France. Dans ces toiles, il a inventé des images très intéressantes. On dit que c'est le moment où il était influencé par le surréalisme, mais il n'était pas surréaliste. Il était espagnol. Peut-être dans un sens les Espagnols sont-ils toujours surréalistes? Je ne sais pas. La grande période de Picasso pour moi, c'est à ce moment-là. C'est l'époque aussi où il a réalisé une série d'œuvres provoquées par sa rencontre avec Marie-Thérèse Walter. Je me souviens d'avoir vu un dessin de ces années-là qui appartenait à Penrose et qui était stupéfiant. Cela dit, Picasso a été un tel peintre qu'il y a des choses extraordinaires chez lui à toutes les époques.

MA – Et à part Picasso, qui d'autre a-t-il pu vous influencer?

FB – J'ai été influencé par tout ce que j'ai vu, probablement.

MA – Mais alors, en formulant différemment ma question, quels sont les peintres, anciens ou modernes, que vous aimez particulièrement?

FB – Je pense que je devrais citer Vélasquez.

MA – La question est au pluriel.

FB – Quelques autres... J'aime les primitifs.

MA – Les primitifs italiens?

FB – Bien sûr, mais pas seulement eux, les primitifs en général. Parmi les Italiens, je pense à Cimabue. J'avais vu sa *Crucifixion* à Florence avant qu'elle ne soit détruite. C'est une des plus merveilleuses Crucifixions que j'aie jamais vues. Quand Florence a été inondée, elle a été terriblement endommagée. On a pu voir le squelette de ce qui restait, et c'était encore quelque chose de très remarquable. Peut-être avais-je gardé le souvenir intact de ce qu'elle était avant sa destruction, et c'est la raison pour laquelle j'ai trouvé ce qu'il en restait encore merveilleux. Cela se peut. Je pense à Cimabue, mais il y a plein d'autres peintres, bien sûr, parmi les primitifs.

MA – Et à la Renaissance?

FB – Ici en Angleterre, c'est curieux, on a eu beaucoup de poètes, de grands poètes, même s'ils n'étaient pas de la taille de Shakespeare, mais on n'a pas eu de peintres comme Raphaël ou Michel-Ange. J'aime énormément certaines œuvres de Michel-Ange, surtout ses dessins, la grandeur de la forme dans ses dessins, la grandeur des images. Mais je n'aime pas toutes les œuvres de la Renaissance, loin de là. Je n'aime pas du tout des toiles célèbres comme *La Joconde* de Vinci. Je trouve que ce sont souvent des œuvres ennuyeuses dont on ne peut rien tirer. J'ai du mal à comprendre la blague qu'a faite Duchamp avec *La Joconde*. Moi, je trouve cette œuvre tout simplement ennuyeuse et d'autant plus ennuyeuse d'ailleurs qu'elle est si connue.

MA – Et les peintres allemands ou flamands, Holbein, Bruegel?

FB – Ils ne veulent rien dire pour moi.

MA – Vous sentez-vous plus proche de Bosch?

FB – Mais non, pas du tout! Tout le monde a l'air de croire que je devrais aimer Jérôme Bosch! Je ne sais pas si mes tableaux font penser aux siens, mais je peux en tout cas vous affirmer que son travail ne me dit rien du tout.

MA – Et plus tard?

FB – Plus tard? Rembrandt, bien sûr. Les autoportraits de la fin de sa vie sont superbes. Il en avait réalisé d'autres avant, mais ceux-là sont plus beaux encore. La façon dont c'est toujours Rembrandt que l'on voit, à partir d'une image qui change à chaque fois, c'est vraiment étonnant et magnifique.

MA – Et à la même époque. Vermeer; Poussin?

FB – Tout le monde aime Vermeer, sauf moi. Il ne représente rien pour moi, il n'a aucune signification. J'avais vu à Paris, il y a, je crois, une vingtaine d'années, l'exposition qui avait eu lieu au Jeu de Paume, où les gens déliraient. C'est une exposition qui m'a laissé complètement froid. Quant à Poussin, je reconnais ses grandes qualités, en particulier son sens extraordinaire de la composition, mais tout chez lui est un peu trop d'une précision mathémathique, ce qui ne veut pas dire grand-chose pour moi, je l'avoue, en ce qui concerne la peinture.

MA – Et aux XVIIIe et XIXe siècles?

FB – Où cela? Dans quel pays? Ici en Angleterre?

MA – Pas seulement, mais oui, ici aussi. Aimez-vous Turner?

FB – Je pense que c'est un peintre remarquable, mais d'une façon générale je n'aime pas les paysages. C'est un genre qui ne m'intéresse pas beaucoup. Je n'en regarde presque jamais. Ici ou là, quelques esquisses de Constable, mais ce que je disais tout à l'heure de la Renaissance est tout aussi vrai pour cette époque : l'Angleterre n'était pas alors un pays de peintres, c'était bien plutôt un pays de poètes et d'écrivains, et je crois d'ailleurs que c'est encore vrai aujourd'hui. Ce n'est pas comme chez vous, vous avez eu en France de très grands peintres au XIXe siècle.

MA – Et justement, parmi les Français ou les peintres qui ont travaillé en France au XIXe siècle, quels sont ceux que vous aimez particulièrement ?

FB – J'aime beaucoup certains portraits d'Ingres et j'aime aussi *Le Bain turc*, mais je n'apprécie pas du tout ses tableaux historiques. Peut-être n'en ai-je pas vu assez, mais ceux que j'ai vus ne m'ont jamais touché. A part Ingres, il y a eu tellement de peintres et de grands en France au XIXe, c'est difficile de répondre à votre question!

MA – Je crois savoir que vous êtes allé voir l'exposition Géricault qui se tient actuellement au Grand Palais à Paris. Vous aimez Géricault?

FB – Oui. Chez Géricault, c'est le sentiment de mouvement des êtres et des choses qui est impressionnant. La représentation du corps humain, celle des chevaux, tout est pris dans un mouvement incroyable. Mais quand je parle de mouvement, je ne parle pas de la représentation de la vitesse, ce n'est pas du tout de cela qu'il s'agit. Géricault avait en quelque sorte le mouvement chevillé au corps. Il était passionné par cela.

MA – Et parmi les peintres de la deuxième partie du XIXe siècle?

FB – Chez les impressionnistes, il y a des œuvres que j'aime énormément; il y avait des peintres tellement remarquables : Manet, Monet...

MA – Van Gogh ? Cézanne ?

FB – Ah oui, mais Cézanne n'était pas impressionniste et, dans un certain sens, Van Gogh non plus ! La façon que celui-ci avait de traiter la matière est tout à fait différente de la technique des impressionnistes. Vous savez bien, l'emploi de cette peinture très épaisse, de cette matière très épaisse. Sa manière était unique. C'est un des grands génies de la peinture. Pour moi, Van Gogh est toujours capital. Il a vraiment trouvé une façon nouvelle de rendre la réalité, y compris pour les choses les plus simples, et cette façon n'était pas réaliste, mais beaucoup plus puissante que le simple réalisme. C'était vraiment une façon de recréer la réalité. Quant à Cézanne, je n'aime que certaines œuvres. Je dois les choisir très prudemment. Je ne sais pas au fond quelle place il occupe vraiment dans l'histoire de la peinture. Je perçois qu'il a eu une importance, mais c'est vrai que je ne suis pas fanatique, comme le sont beaucoup de gens. Je crois que je n'aime, tout compte fait, que les œuvres de la fin de sa vie. Je les trouve beaucoup plus intéressantes que celles des périodes antérieures. C'est cette époque où il n'y a presque plus rien sur la toile, où les sujets ont presque totalement disparu, ne sont presque plus là, où l'on a l'impression que c'est juste annoté pour un moment et que cela va disparaître. Cette période, je l'aime beaucoup, autrement je n'aime pas Cézanne. Mais vous voyez, ce qui est étonnant, n'est-ce pas, quand on parle des impressionnistes, dès que l'on pense à tous ces peintres, on ne peut pas ne pas remarquer à quel point ils étaient tous différents. Il faut se méfier des définitions. Aucun grand peintre ne se laisse réduire à des catégories, vous savez. C'est vrai que l'on peut dire : tels peintres sont impressionnistes, tels autres expressionnistes, tels autres encore cubistes, mais au fond on ne dit rien du tout, en disant cela, on repère simplement un style, ça ne dit rien sur la peinture elle-même.

MA – Et Degas?

FB – Ah, bien sûr! Chez lui, ce sont surtout les pastels que j'aime. Ils sont extraordinaires. Surtout les scènes d'intérieur, les femmes à leur toilette, les nus, plutôt que les danseuses. Mais les corps de femmes qu'il a faits d'une façon générale sont superbes. C'est vraiment le seul peintre à avoir su manier les pastels de cette façon, avec ces lignes entre les couleurs.

MA – Vous êtes aussi allé voir l'exposition Seurat à Paris au printemps dernier. Seurat a-t-il eu de l'importance pour vous?

FB – J'admire beaucoup Seurat. Nous avons peut-être ici à Londres l'un de ses meilleurs tableaux, *Une baignade à Asnières,* qui est pour moi une œuvre magnifique et qui n'était d'ailleurs pas à l'exposition du Grand-Palais, mais je préfère par-dessus tout ses esquisses. Je pense cependant que ses dernières œuvres ont été moins intéressantes, parce qu'il a trop cherché à expliquer les choses et à appliquer ses théories ; je crois que ses idées sur la couleur, sur la composition ou sur d'autres sujets, ses idées en général, ont bloqué sa création ; ses explications sur comment faire une peinture me semblent avoir tué sur la fin de sa vie son instinct. Mais il est vrai qu'il est mort très jeune, et l'on ne peut savoir ce qu'il aurait fait après, s'il avait vécu.

MA – Et plus près de nous, parmi les contemporains, quels sont les peintres ou les courants de peinture qui sont importants pour vous ?

FB – C'est une question difficile que vous me posez là. Je ne sais pas bien quoi vous répondre. Après Picasso, je ne sais pas trop. Il y a actuellement une exposition de pop'art à la Royal Academy. J'y suis allé en me disant : « Il y a peut-être quelque chose qui peut m'aider. Ça va m'apporter quelque chose, ou peut-être produire un choc en moi. » Mais quand on voit tous ces tableaux réunis, on ne voit rien. Je trouve qu'il n'y a rien là-dedans, c'est vide, complètement vide. Bien sûr, il y a Warhol et il est meilleur, il est même le meilleur par rapport à tous les autres, mais tous les autres sont vraiment mauvais.

MA – Mais alors, qu'est-ce que vous pensez de Warhol?

FB – Je ne peux pas nier que Warhol ait une certaine importance, même si pour moi il n'est pas important. Il occupe de toute façon une place dans l'histoire de la peinture contemporaine, même s'il ne s'est pas rendu compte de ce qu'il avait de mieux à faire, même s'il n'a pas compris où il était le meilleur.

MA – Le connaissiez-vous?

FB – Je ne peux pas vraiment dire que je le connaissais, mais je l'avais rencontré à New York, chez la princesse Radziwill. Il m'a emmené à la Factory. C'était quelqu'un de très intelligent. Je pense que ses films, même s'ils ne me disent rien à moi directement, sont intéressants et font partie de ce qu'il a fait de mieux. Encore que ceux qu'a faits Paul Morrissey sont probablement meilleurs. *Flesh*, par exemple, vous l'avez vu?

MA – Oui, *Flesh* c'était intéressant.

FB – Oui, n'est-ce pas, mais en fait c'était réalisé à partir d'idées de Warhol. J'ai vu aussi autre chose de celui-ci, je ne me souviens plus du titre, ça durait six ou huit heures je crois, je ne sais plus, je n'en ai vu qu'une partie. Il avait laissé la caméra tourner, mais il faut dire que ça ne présentait vraiment aucun intérêt.

MA – Peut-être est-ce que cela apparaît très daté aujourd'hui; peut-être cela s'est-il démodé très vite? Ça a semblé très moderne à une époque et puis après, d'un coup, très dépassé?

FB – Oui, c'est comme les mondanités, il n'en reste pas grand-chose, ça passe très vite. Cette exposition à l'Academy, j'ai trouvé cela finalement très triste, très déprimant. C'est dommage, parce que chez Warhol il y avait des choses intéressantes, par exemple *La Chaise électrique* ou ses séries de variations de couleurs sur un même sujet. Les *Accidents de voitures* aussi c'était pas mal, mais c'était moins bien, parce que ça tournait finalement au réalisme. D'une façon générale Warhol avait de bons sujets, il savait très bien les choisir, mais son problème, au fond, c'est qu'il faisait du réalisme, du simple réalisme et en définitive ça n'a pas abouti à quelque chose de très intéressant.

MA – Vous avez pourtant peint au moins une fois le même sujet que lui : vous avez, vous aussi, fait le portrait de Mick Jagger.

FB – Oh, mais c'était une sorte de commande : quelqu'un m'avait demandé de faire ce portrait, mais je ne connais pas Jagger, et je ne pensais pas à Warhol en faisant ce tableau, vraiment pas du tout!

Non, vous savez, même s'il a été le plus intelligent des artistes pop, l'intelligence n'a jamais fait l'art, n'a jamais fait la peinture... malheureusement.

MA – Qu'est-ce qui fait la peinture?

FB – On ne sait pas.

MA – Mais si ça n'est pas seulement une question d'intelligence, ça vient d'où la peinture : du cœur ; de l'estomac ; des tripes?

FB – On ne sait pas d'où ça vient.

Deuxième entretien

MA – Francis Bacon, nous parlions la dernière fois des peintres contemporains. Vous avez, je crois, rencontré Balthus. Son univers pictural vous est-il tout à fait étranger, ou au contraire y a-t-il des choses qui vous séduisent dans son œuvre ?

FB – Il y a des choses que j'admire chez Balthus, mais bien sûr je pense que nous sommes très éloignés l'un de l'autre. J'aime ses paysages ; il y en a en particulier deux ou trois que j'aime beaucoup. Mais ce que j'aime le plus chez lui, c'est la peinture qu'il a faite il y a très longtemps, lorsqu'il était à Paris, avant-guerre, une toile dont il existe deux versions, *La Rue*, je crois. Il me semble me souvenir que dans l'une des deux versions la rue est plus peuplée que dans l'autre et que la facture des deux toiles est très différente : tout est plus précis, plus net dans la seconde. J'aime les deux. J'ai eu des amis qui ont très bien connu Balthus, mais c'est par une autre amie qui habite toujours près d'ici, Isabelle Rawsthorne, qui était très liée avec lui, que je l'ai rencontré.

MA – Vous avez eu aussi un autre ami en commun, Balthus et vous, Alberto Giacometti dont une grande rétrospective a lieu actuellement au Musée de la Ville de Paris. Qu'a représenté pour vous Giacometti ?

FB – J'ai en effet connu Giacometti. Je l'ai rencontré lorsqu'il est venu à Londres à l'occasion d'une exposition de son œuvre à la Tate Gallery. Il était accompagné de sa femme, Annette, ainsi que de Michel et Louise Leiris. Il était descendu dans un hôtel pas loin d'ici et je me souviens qu'on a passé une nuit entière à parler ensemble. J'avais à l'époque un ami qui venait de l'East End. C'était quelqu'un de très étonnant et Giacometti voulait absolument qu'il vienne à Paris pour pouvoir réaliser son portrait. J'ai encouragé mon ami à y aller, mais en définitive cela ne s'est pas fait. Il y avait l'obstacle de la langue, Giacometti ne parlant pas un mot d'anglais et mon ami pas un mot de français. J'avais insisté auprès de cet ami, en partie parce que j'ai toujours aimé les portraits de Giacometti, surtout ceux qu'il a réalisés au crayon ou au fusain. Je sais qu'il a dit un jour que la grande aventure pour lui, c'était de voir surgir quelque chose d'inconnu, chaque jour, dans le même visage. C'est un propos que je trouve très juste, et j'ai toujours pensé que ses portraits étaient très intéressants. De tout ce qu'il a fait, ce sont ses dessins beaucoup plus que sa sculpture que je préfère. Les gens le connaissent plutôt pour ses sculptures; on les a tellement reproduites partout à travers le monde! C'est grâce à elles que Giacometti est aujourd'hui si connu. Pendant assez longtemps on a, je crois, méconnu ses dessins. Ils sont pourtant, à mon avis, ce qu'il a fait de plus fort. Bien sûr, j'apprécie certaines de ses sculptures, mais en tout cas pas du tout celles de la période surréaliste, ni des œuvres célèbres, comme *Le Nez* ou *La Main* qui ne sont pas réussies, d'après moi. Vous savez, je crois qu'il y a des sculptures de Picasso qui sont beaucoup plus importantes que n'importe quelle sculpture de Giacometti, et en définitive ce sont vraiment ses dessins que je préfère.

MA – Hier, en sortant du restaurant où nous nous trouvions, nous avons croisé Lucian Freud. Je sais que vous avez été très liés. Une bonne exposition l'a réellement fait découvrir aux Français en 1987 à Beaubourg. Fait-il partie des peintres contemporains que vous aimez?

FB – Ce sont surtout ses portraits, certains de ses portraits que j'aime. Oui, nous avons été très liés, mais nous ne nous voyons plus. C'est un peu triste, mais c'est ainsi. Nos liens se sont distendus. Vous savez, à propos de cette exposition à Paris, il y avait un portrait de moi que Freud avait peint. C'était un petit tableau, eh bien, lors d'une autre de ses expositions, celle-là en Allemagne, quelqu'un l'a volé.

MA – Quelqu'un a donc un portrait de vous chez lui ! Ce sont les conséquences de la notoriété en quelque sorte...

FB – Oui, si l'on veut, mais on ne sait pas la notoriété de qui...

MA – Et à part Freud, y a-t-il d'autres peintres contemporains, en Angleterre ou ailleurs, qui vous intéressent ?

FB – Il y a actuellement ici, en Angleterre, des peintres intéressants, mais après tant de décennies de très grands peintres, si l'on songe aux impressionnistes, à Picasso, c'est peut-être normal que l'on trouve que tout manque un peu de force, un peu d'originalité. Après de grandes époques, dans tous les arts, je crois qu'il s'est toujours trouvé des périodes de répit, de mise plus ou moins en sommeil. C'est vrai qu'aujourd'hui je n'admire personne, que je trouve que les jeunes ne sont pas très valables, que nulle part dans le monde, que ce soit en France ou aux États-Unis, il y a quelque chose de bien intéressant qui apparaît, mais c'est peut-être un moment, et ça reprendra plus tard. Cela vient peut-être aussi de moi, soit que je n'ai pas vu les œuvres fortes d'aujourd'hui, soit que mon état de santé altère un peu mes possibilités de découvrir les peintres qui renouvellent la peinture, je ne sais.

MA – Je reviens maintenant sur la question que je vous ai posée la dernière fois : On ne sait pas ce qui fait la peinture, mais qu'est-ce qui fait que l'on peint?

FB – Le problème principal, lorsqu'on est artiste, c'est d'arriver à faire quelque chose qu'on voit avec son instinct, or on n'y arrive presque jamais. On est toujours, je crois, à côté. Mais c'est le principal problème qui se pose : arriver à faire quelque chose instinctivement Quant à expliquer l'instinct, c'est vraiment une question très complexe. En voyant comme la peinture change au fil des siècles, on peut se demander si l'instinct ne change pas lui aussi de siècle en siècle, s'il n'est pas modifié par tout ce que l'on voit, tout ce que l'on entend. Je ne sais pas. En tout cas, ce que je peux dire, c'est que l'instinct s'impose. La façon que l'on a de faire une image, cela on peut l'expliquer peut-être, parce que c'est un problème de technique. Les techniques changent, et on peut parler de la peinture en faisant une sorte d'histoire des techniques de la peinture, mais ce qui fait la peinture et qui est toujours la même chose, le sujet de la peinture, ce qu'est la peinture, ça on ne peut pas l'expliquer, cela me semble impossible. Ce que je peux peut-être dire, c'est qu'à ma propre façon, désespérée, je vais çà et là suivant mes instincts.

MA – Réfutez-vous toute forme d'explication de votre travail?

FB – L'explication ne me semble pas nécessaire, pas plus en peinture d'ailleurs que dans d'autres domaines artistiques, comme la poésie. Je ne crois pas qu'on puisse donner l'explication d'un poème ou d'une peinture. Picasso, par exemple, parlait très bien de la peinture. Il a dit toutes sortes de choses intelligentes sur la peinture. Mais il n'est jamais parvenu à expliquer son génie! Il me semble que les explications, forcément, tournent court. En tout cas moi je n'en ai pas besoin, même par rapport à quelque chose que je ne comprends pas du tout. Par exemple la musique, c'est quelque chose dont nous avons souvent parlé ensemble, eh bien, je ne comprends pas la musique, bien qu'elle me touche beaucoup, et pourtant je n'ai pas besoin d'explications. Je sais que souvent les gens cherchent des explications; si cela leur est nécessaire, il est toujours possible de trouver d'autres gens pour leur en fournir, mais cela me semble toujours un peu bizarre.

MA – Mais en disant cela, vous vous rendez compte que vous réfutez toute approche critique?

FB – La critique, ça ne m'intéresse pas vraiment.

MA – Même comme approche d'une œuvre?

FB – Oui, même ainsi.

MA – Vous ne pensez pas que la critique puisse aider à aborder une œuvre, avoir une fonction didactique, permettre une initiation, et même peut-être produire une incitation?

FB – Non, je ne pense pas. La seule critique efficace est personnelle: c'est celle qui s'exerce sur son propre travail quand on est en train de peindre, mais il ne s'agit plus alors de la même chose. Le sens critique qui joue là, c'est la faculté de découvrir ce qui est possible, par où on peut passer, dans tout ce qui est déjà présent sur la toile, pour aboutir à la meilleure image finale. Mais ce qui me semblera le mieux à moi ne sera pas forcément ce qui plaira le plus à ceux qui regarderont ma peinture ensuite! Je ne crois pas que ce soit une question d'explications, voyez-vous? Ce qui me semble avoir plus d'intérêt, c'est l'histoire de la peinture ou des arts en général. Comprendre ce qu'a fait tel peintre, voir d'où il vient, à partir de qui et de quoi il a travaillé, voir s'il est parvenu à ajouter quelque chose, même si c'est presque rien, à la longue chaîne de ceux qui ont fait l'art dans lequel il s'exprime, oui, pour cela c'est peut-être utile de connaître un peu l'histoire de la peinture ou de la musique ou de n'importe quoi d'autre d'ailleurs.

MA – Vous voulez dire qu'il est important de pouvoir situer le travail de tel ou tel artiste?

FB – Oui, c'est ça. Je suis sûr que chaque artiste se situe quelque part, travaille à partir d'un certain héritage et se trouve placé sur une certaine trajectoire. De même d'ailleurs qu'il s'ingénie à enfoncer avec obstination le même clou, mais cela est une autre histoire. Ce qui est vrai, c'est que même si l'on réussit à comprendre où se situent les peintres, le mystère qui fait que telle œuvre passe et telle autre demeure reste entier. On ne comprend même pas comment certaines œuvres dont on a déjà tant parlé, sur lesquelles on a tant écrit, ont pu résister!

Le plus important reste de regarder de la peinture, de lire de la poésie ou d'entendre de la musique. Non pas pour comprendre ou connaître, mais pour ressentir quelque chose.

MA – Si je vous comprends bien, en peinture ou dans les autres arts, c'est de ressentir qu'il s'agit?

FB – Je ne sais pas si on peut dire les choses comme ça. Quand l'on regarde ou que l'on écoute quoi que ce soit, c'est probablement quelque chose comme cela que l'on vient chercher, même si on ne le sait pas. C'est la vieille idée du théâtre classique grec : le public venait là pour ressentir des émotions terribles, et pouvait ainsi se purger de ses passions. Aujourd'hui, bien sûr, les choses sont différentes lorsqu'on va voir une exposition ou écouter un concert. Si néanmoins quelqu'un, en présence d'une œuvre, ressent quelque chose de fort, alors peut-être peut-on dire que l'artiste a réussi, mais ça n'est pas sûr. Tout est très compliqué, parce que l'artiste peut avoir fait quelque chose qu'il croit raté, et qui pourtant produit des effets chez ceux qui regardent ou qui écoutent. Et l'inverse aussi est certainement vrai. Je ne suis pas sûr que ressentir soit la chose vraiment importante en matière de création. Peut-être pour celui qui reçoit, mais probablement pas pour l'artiste lui-même.

MA – Tout à l'heure vous évoquiez la musique, et à ce sujet je reviens sur le problème de l'explication. Au début de 1991, vous êtes allé entendre la première ver-

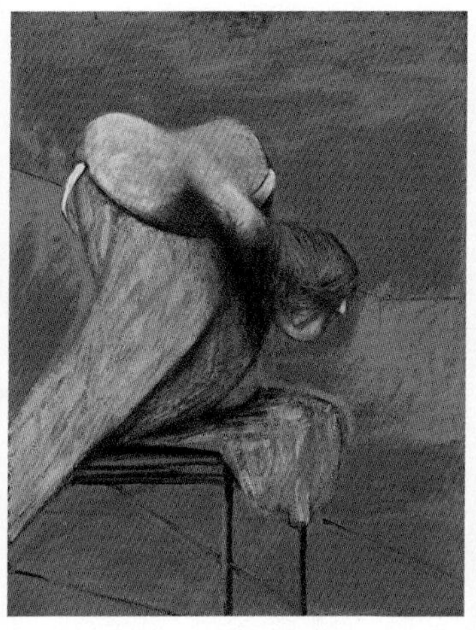

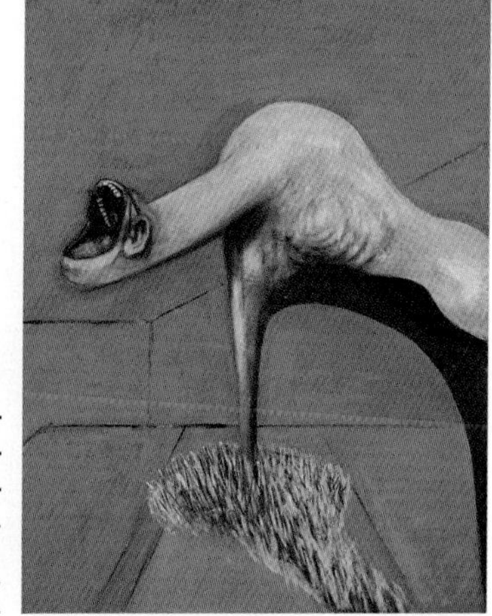

Trois études de figures au pied d'une crucifixion, 1944.
Huile et pastel sur carton. Triptyque.
Tate Gallery, Londres.

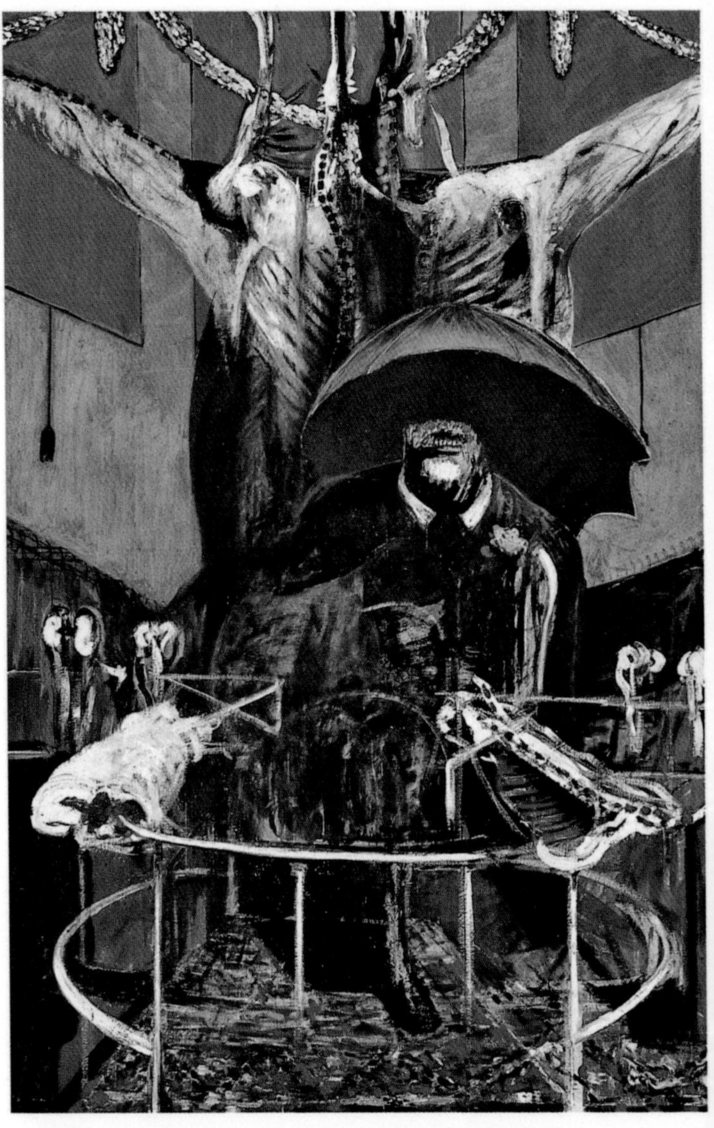

Painting, 1946. Huile et tempera sur toile. Museum of Modern Art, New York.

Étude d'après Vélasquez. Portrait du pape Innocent X, 1953.
Huile sur toile. Des Moines Art Center, Coffin Fine Arts Trust Fund, Des Moines.

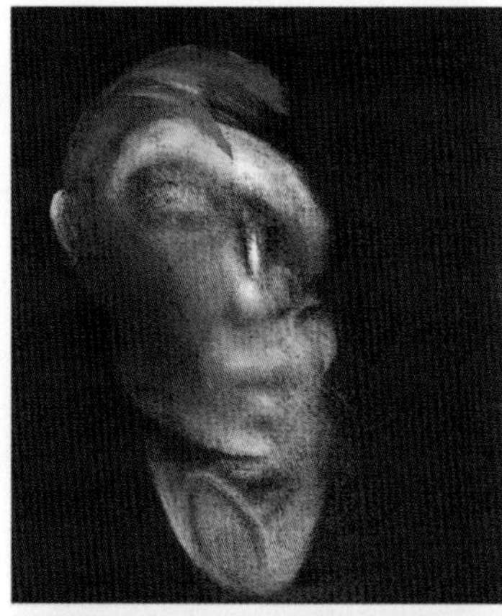

Trois études pour un autoportrait, 1983. Huile sur toile. Triptyque. Honolulu Academy of Arts, don de M. et Mme Henry B. Clarke, Jr.

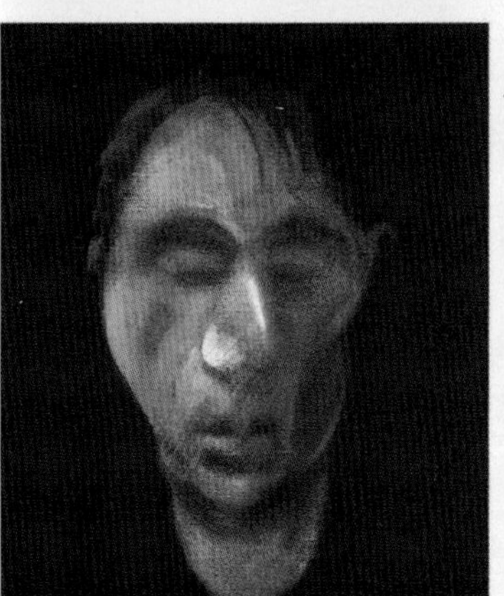

Francis Bacon en voyage. Photo collection particulière–D.R.

Francis Bacon dans un wagon-restaurant.
Photo collection particulière–D.R.

(En haut, à droite) Francis Bacon dans son atelier, Londres, 1984. Photo © Michael Hardy.

(En bas, à droite) Francis Bacon et Pierre Boulez à l'IRCAM, Paris, 1990. Photo © Catherine Faury.

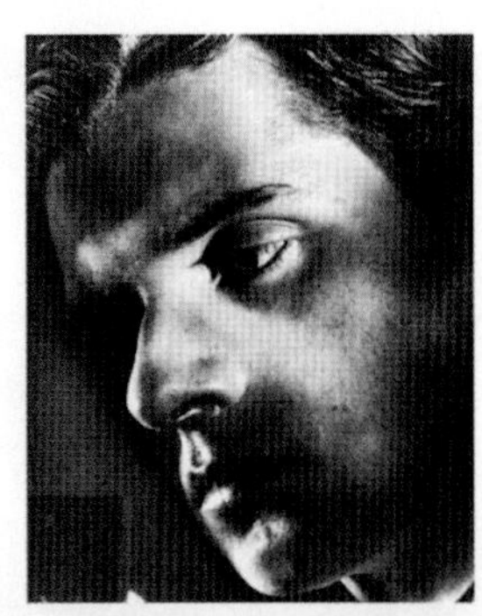

Francis Bacon à Berlin, vers 1928. Photo © Lerski.

Francis Bacon dans son atelier de Battersea, Londres, 1957. Photo © Douglas Glass.

sion d'*Explosante fixe*, de Pierre Boulez, à l'IRCAM à Paris?

FB – Oui.

MA – Il se trouve que, lors de cette audition, Pierre Boulez a fait entendre son œuvre dans l'état initial dans lequel elle se trouvait à ce moment-là, puis a longuement commenté la genèse de son travail. Cela vous a-t-il surpris qu'un créateur puisse ainsi expliquer ce qu'il était en train de faire?

FB – Oui, parce que je ne pourrais, je crois, jamais procéder de la sorte avec ma peinture. Est-ce qu'on peut expliquer la musique? C'est vrai que ce que Boulez a expliqué ce soir-là m'a beaucoup intéressé. Mais à vrai dire, j'avais entendu certaines de ses œuvres auparavant, j'avais déjà lu des écrits de lui et aussi des textes sur lui, et j'avais compris qu'il cherchait, grâce à de nouvelles techniques, une autre façon d'enregistrer ses instincts. Et c'est ce que l'on disait déjà la dernière fois, c'est toujours le seul problème pour l'artiste :

exprimer un sujet, qui est toujours le même et que l'on ne peut pas changer, mais en trouvant des formes à chaque fois nouvelles.

MA – Ce qui est donc plus important encore que la sensation, ce que l'on ressent, c'est ce que vous appelez l'instinct. Qu'est-ce pour vous que l'instinct?

FB – Qu'est-ce que c'est que l'instinct? Je ne sais pas. C'est vrai que c'est certainement ce qu'il y a de plus important. Si on peut arriver à faire quelque chose au plus près de l'instinct, alors on a réussi, mais c'est vrai que c'est exceptionnel, que cela se produit très rarement.

MA – Quelles sont, parmi vos œuvres, celles où vous avez eu l'impression de parvenir à cela?

FB – Peut-être dans la première version de la *Peinture* de 1946. J'étais en train de faire un paysage, je voulais faire un champ avec un oiseau qui le survole et j'avais placé tout un tas de repères sur la toile pour cela, et puis d'un coup, les formes que l'on voit sur cette toile ont commencé d'apparaître, elles se sont imposées à moi. Ce n'était pas ce que je comptais faire, loin de là. C'est arrivé comme cela et j'étais plutôt étonné de cette apparition. Dans cette circonstance, je pense que l'instinct a produit ces formes. Mais il ne faut pas assimiler cela à de l'inspiration. Cela n'a rien à voir avec les muses ou quelque chose comme ça, non, c'est arrivé de façon inattendue, comme un accident. Il était prévu quelque chose, et puis, d'une façon tout à fait étonnante, quelque chose d'autre est arrivé. C'est à la fois accidentel et en même temps complètement évident. C'est cela pour moi l'instinct, mais je ne peux pas vous en donner une définition, je peux juste vous dire comment les choses, un jour, se sont produites, c'est tout.

MA – Vous avez prononcé le mot d'accident. C'est un terme que vous employez volontiers, je crois. Pouvez-vous me dire plus précisément ce que vous entendez par là ?

FB – Cela n'est pas évident pour moi de préciser ce que ce terme veut dire. Il me semble qu'on ne peut pas expliquer ce que c'est qu'un accident. Il recouvre des réalités différentes.

Par exemple, quand on fait de la peinture à l'huile, il peut se produire des événements que l'on ne maîtrise pas, on peut faire une tache, tourner le pinceau d'une façon ou d'une autre, et cela va produire des effets chaque fois différents, cela va changer toute l'implication de l'image. Tandis que l'on travaille dans une certaine direction, on essaye d'aller plus loin dans cette direction, et c'est alors qu'on détruit l'image que l'on avait faite et que l'on ne retrouvera plus jamais. C'est alors aussi que surgit quelque chose qu'on n'attendait pas et qui arrive inopinément. On sait, on voit quelque chose que l'on va faire, mais la peinture est tellement fluide que l'on ne peut rien noter. Le plus étonnant, c'est que ce quelque chose qui est apparu comme malgré soi est parfois meilleur que ce que l'on était en train de faire. Mais ce n'est pas toujours le cas, malheureusement! J'ai souvent détruit en les reprenant, en les poursuivant, des tableaux qui étaient au départ bien meilleurs que ce à quoi j'aboutissais.

MA – Vous voulez dire que vous ne savez pas, lorsque vous commencez, où vous vous dirigez et encore moins où vous aboutirez?

FB – Non, ce n'est pas tout à fait ça, parce que lorsque je commence une nouvelle toile, j'ai une certaine idée de ce que je veux faire, mais pendant que je peins, tout d'un coup, en provenance en quelque sorte de la matière picturale elle-même, surgissent des formes et des directions que je ne prévoyais pas. C'est cela que j'appelle des accidents.

MA – Est-ce que l'on pourrait qualifier ces accidents d'inconscients.

FB – Pas exactement, parce que ce

mot évoque trop la psychanalyse et que ce n'est pas tout à fait, je crois, de la même chose qu'il s'agit ; mais peut-être, d'un certain point de vue, n'est-on pas très loin de ce que Freud voulait dire.

MA – Pensez-vous que la peinture est essentiellement faite de ces accidents?

FB – Non, c'est plus compliqué. Ce qui finalement apparaît dans le meilleur des cas sur la toile, c'est probablement un mélange entre ce qui est voulu par le peintre et ces accidents dont nous parlons depuis un moment. Il y a toujours, me semble-t-il, en peinture, et peut-être est-ce comme ça dans les autres arts, une part de maîtrise et une part de surprise, et cette distinction rejoint peut-être le champ de ce que la psychanalyse a défini comme conscient et inconscient?

MA – J'ai vu dans votre bibliothèque des ouvrages de Freud. Vous vous référez à la psychanalyse. Représente-t-elle quelque chose d'important pour vous?

FB – J'aime beaucoup lire Freud

parce que j'aime la façon qu'il a d'expliquer les choses, mais en même temps, n'ayant jamais été analysé moi-même, je ne sais pas trop quoi penser de la psychanalyse. Pour moi-même, peut-être aurait-elle pu m'aider, je ne sais pas?

MA – Pensez-vous que vous seriez parvenu à ce à quoi vous êtes parvenu en peinture, si vous aviez suivi une analyse?

FB – Peut-être pas, je ne sais vraiment pas. Je connais des gens qui sont restés très longtemps en analyse, qui y ont passé neuf ans et qui n'ont pas vraiment changé, mais peut-être aurait-il mieux valu qu'ils changent et peut-être était-ce pour cela qu'ils avaient commencé une analyse. Auquel cas cela a été raté! Mais ce ne doit pas être le cas de toutes les analyses, sûrement, parce qu'il est certain que ce que Freud voulait, c'était soigner les gens qui venaient le voir. Je ne sais pas s'il y est parvenu, mais j'ai l'impression que le problème, c'est que beaucoup de gens confondent la psychanalyse avec la confession. Ils vont un peu chez leur analyste comme on va chez son directeur de conscience, et l'analyse devient une sorte de démarche religieuse. C'est un peu comme si on allait à l'église. Vous savez, les gens adorent parler d'eux et de leurs petits problèmes. Je ne peux pas dire que je me sente particulièrement attiré par ce genre de choses.

MA – Mais alors, pourquoi cette référence à la psychanalyse tout à l'heure?

FB – Ah! Ce n'est pas moi qui me réfère à la psychanalyse, c'est vous qui avez parlé d'inconscient. Mais comme je vous l'ai dit, j'aime bien la façon dont Freud explique les choses et il y a des idées très intéressantes dans la psychanalyse. La distinction aujourd'hui classique entre conscient et inconscient est très féconde, me semble-t-il. Elle ne recouvre pas tout à fait ce à quoi je pense par rapport à la peinture, mais elle a l'avantage de ne pas recourir à une explication métaphysique pour parler de ce qui échappe à la compréhension logique des choses. L'inconnu n'est pas renvoyé du côté de la mystique ou de quelque chose comme ça. Et c'est très important pour moi, parce que j'ai horreur de toute explication de cet ordre. C'est ce que je vous disais, ce que je nomme accident, cela n'a rien à voir avec l'intervention d'une inspiration, celle dont on a doté pendant si longtemps les artistes. Non, c'est quelque chose qui provient du travail lui-même et qui surgit à l'improviste. Peindre résulte en définitive de l'interaction de ces accidents et de la volonté de l'artiste, ou, si l'on veut, de l'interaction de quelque chose d'inconscient et de quelque chose de conscient.

Mais vous savez, les choses ont l'air assez claires quand on en parle, mais ce n'est pas du tout comme cela que ça se passe lorsqu'on est sur la toile. Là, on ne sait pas où l'on en est, vers où l'on va et surtout ce qui va se passer. On est dans le brouillard.

MA – Le brouillard?

FB – Oui, quand je travaille, je n'ai qu'une vague idée, même parfois aucune idée de ce que je veux faire. C'est par pure chance en quelque sorte qu'il se passe quelque chose sur la toile. La plupart du temps, cela n'a rien à voir avec l'idée d'origine, si tant est que j'en aie une au départ. Par ailleurs, c'est vrai aussi que j'ai une certaine discipline étrange en moi qui est probablement une qualité, parce que peindre ne consiste pas seulement à jeter quelque chose sur la toile. Je n'ai pas, en commençant une toile, de grand projet, mais il y a le métier acquis, et avec le temps et l'âge, cela représente un savoir-faire. Je suis sûrement plus conscient maintenant de ce que je fais que lorsque j'étais plus jeune, ce qui n'est pas forcément très bien d'ailleurs, mais c'est ainsi, et c'est le mélange de cet entraînement et de ce qui vient sans qu'on l'attende qui fait, je crois, ma peinture.

Vous voyez, en ce moment, je voudrais réaliser le portrait de quelqu'un que je connais, mais je n'ai pas la moindre idée de la façon de le faire. C'est toujours un peu ça mon problème. Je pense que je ne saurai pas comment faire, et puis il se passe cette rencontre entre mon travail et la peinture, les accidents de la peinture, et voilà, la toile se fait. Je n'en suis presque jamais content, mais parfois, lorsqu'il y a un heureux mélange d'accidents et de volonté, alors cela peut être satisfaisant.

MA – Une sorte d'alchimie un peu mystérieuse en quelque sorte?

FB – Non, c'est plutôt de chimie qu'il faut parler : c'est le phénomène naturel des substances qui se mêlent pour donner d'autres substances. Il n'y a pas de mystère, si par mystère on entend quelque chose qui serait hors du monde. Tout se passe ici, sous nos yeux. L'atelier de l'artiste, ce n'est pas celui de l'alchimiste qui cherche la pierre philosophale, quelque chose qui n'existe pas dans notre monde, ce serait peut-être plutôt le laboratoire du chimiste, ce qui n'interdit pas d'imaginer qu'y apparaissent des phénomènes inattendus, bien au contraire.

MA – Toujours votre refus de toute métaphysique ?

FB – Oui, si vous voulez.

MA – Vous avez précédemment évoqué nos conversations sur la musique. Nous avons eu en effet l'occasion, tant ici à Londres qu'à Paris, de parler de musique ensemble. C'est d'ailleurs à la suite d'une longue conversation sur ce sujet que m'est venue l'idée de nos actuels entretiens. Ma première question concernant la musique sera de vous demander quelle place elle occupe dans votre vie.

FB – La musique me touche beaucoup, mais à vrai dire je pense que je ne la comprends pas. Cela représente pour moi une très grande différence avec la peinture. Il y a beaucoup de peintres que je n'aime pas, qui ne me touchent pas, mais dont je suis capable de percevoir la qualité. Par exemple Rubens, c'est indéniablement un grand peintre, sa technique est magnifique, je comprends parfaitement son importance dans l'histoire de la peinture, mais c'est quelqu'un qui ne me procure aucune émotion. Néanmoins, lorsque je vois un de ses tableaux, je ne suis pas en pays étranger. Je ne suis pas ému, mais je peux comprendre. Avec la musique, les choses sont beaucoup plus difficiles. Je n'ai pas les repères que je peux avoir en peinture et je suis souvent perdu. Aussi, je me contente d'aimer ou de ne pas aimer, et c'est tout.

MA – Mais c'est peut-être le principal : se laisser porter par la musique, aimer ou ne pas aimer. C'est ce que vous disiez justement tout à l'heure à propos de la tragédie grecque, et qui est vrai pour toute forme d'expression artistique et quel que soit le sentiment que l'on ressent. La musique, dans tous ses genres, permet à chacun d'accéder à des émotions profondes et intenses. Je pense que c'est évidemment là une de ses caractéristiques fondamentales.

FB – Oui, bien sûr, mais je pense quand même que le fait de ne pas comprendre la musique que j'entends est un obstacle important, et pour cela j'ai besoin d'en savoir plus sur l'histoire de la musique, je dois me donner des repères. Je pense que j'aime bien situer les musiciens, leurs œuvres. Ce n'est pas un savoir systématique sur toute la musique que je recherche, mais parfois, en entendant un morceau, des questions me viennent, et alors c'est vrai que j'aimerais savoir certaines choses, avoir au moins des indications sur les influences, l'élaboration de telle œuvre, la formation de tel musicien, l'importance de tel autre. Peut-être parce que je pense que si je comprends mieux, j'apprécierai mieux, mais ce n'est pas nécessairement la bonne démarche. Lire l'histoire de la musique, c'est peut-être ce qu'il faut faire, je ne sais pas. Mais vous voyez par exemple, à propos de Debussy dont nous devons aller écouter le mois prochain le *Pelléas et Mélisande* dirigé par

Boulez à Cardiff, eh bien, je me suis souvent demandé s'il avait été influencé par Wagner. C'est une chose que je ne sais pas et je me pose la question. Qu'en est-il?

MA – Wagner a joué un rôle considérable dans sa formation. Debussy disait: « Je suis wagnérien jusqu'à l'inconvenance. » Mais il a toujours gardé ses distances avec le culte qui entourait Wagner, et il a été influencé sans que cette influence anéantisse la singularité de son langage musical. Tous ses amis, musiciens et poètes, révéraient Wagner, et Debussy, malgré ce qu'il doit à celui-ci, en particulier en matière d'orchestration, a su exercer sa critique et préserver son originalité.

FB – Je suis intrigué par l'influence de Wagner. Voilà, c'est ce genre de questions qui m'intéresse. Quelle influence Wagner a-t-il eue, et auprès de quels musi ciens?

MA – On pourrait écrire un livre sur la question, parce que l'influence de

Wagner dans la musique a été considérable. Soit directement, pour des musiciens comme Anton Bruckner, au moins à ses débuts, ou Richard Strauss qui ont composé dans l'héritage wagnérien, soit indirectement, par effet de rupture, comme dans le cas de Debussy justement, ou le cas de Schönberg. On pourrait même étendre son influence, par effet négatif, si je peux dire, aux musiciens qui ont tourné le dos, plus ou moins résolument, et dès le début de leur carrière, à son esthétique, je pense en particulier à une bonne partie de la musique française de la fin du XIXe et du début du XXe, de Saint-Saëns à Satie en passant par Massenet et Fauré.

De plus, il faut préciser que son influence sur des musiciens a été plus sensible dans l'écriture harmonique que dans la création de drames musicaux, du genre de la *Tétralogie*.

Et puisque nous l'évoquons, êtes-vous sensible à l'opéra ; y allez-vous de temps en temps ?

FB – Oui, de temps en temps, mais plutôt parce qu'on m'y invite ou que j'ai envie d'accompagner quelqu'un qui veut assister à un spectacle. Je ne crois pas sinon que j'irais de moi-même.

MA – Vous êtes allé écouter du Wagner ?

FB – Oui, j'ai été assez souvent amené à en entendre ici à l'Opéra. J'ai été très impressionné par une représentation de *Lohengrin*. Certaines parties m'ont beaucoup touché, mais je ne saurais pas expliquer pourquoi. Vous savez, écouter de la musique, ce n'est pas du tout pour moi comme aller au cinéma ou voir une exposition. J'ai beaucoup plus de mal avec la musique, parce que la musique ne me parle que rarement, peut-être même presque jamais. Je suis, bien sûr, beaucoup plus sensible à ce qui est visuel, je réagis beaucoup plus devant une image qu'à l'écoute de sons.

MA – Vous êtes également allé écouter, d'après ce que vous m'avez dit, *Moïse et Aaron* de Schönberg?

FB – Oui, en effet, mais je crois que n'y ai pas compris grand-chose. Est-ce que c'est une œuvre dont on peut dire qu'elle provient de Wagner ?

MA – Non, l'écriture de *Moïse et Aaron* est dodécaphonique. C'est une œuvre qui a été composée entre 1930 et 1932, à une époque où Schönberg avait adopté ce langage depuis quelques années. Ce sont ses premières compositions qui sont d'une écriture encore très wagnérienne. Wagner a eu une importance considérable pour lui, au même titre que Brahms. Mais c'est un musicien qui a connu une évolution étonnante et qui a écrit dans des langages très différents, des œuvres extraordinaires, comme *La Nuit transfigurée* dans sa première manière, *Pierrot lunaire* en langage atonal, et *Moïse et Aaron* dans sa dernière manière. C'est un peu en musique, comme ce que vous disiez de Picasso en peinture : un créateur qui parvient à réaliser des œuvres remarquables à des époques différentes de sa vie et dans des langages très différents.

FB – Oui, en effet, je comprends.

MA – Mais pour revenir à l'opéra, avez-vous pensé à réaliser des décors pour des spectacles ou vous a-t-on fait des propositions dans ce sens?

FB – Non, je n'y ai jamais vraiment pensé. Mais, pour le théâtre, il y a assez longtemps, Peter Brook m'avait demandé de réaliser les décors du *Balcon* de Jean Genet, pièce qu'il allait monter. J'ai essayé, mais je n'y suis pas parvenu et d'ailleurs j'ai su très vite que je ne pourrais rien faire pour le théâtre.

MA – Pourquoi?

FB – Parce que le theâtre, c'est tout à fait autre chose que la peinture. Quand je vais à un spectacle, que ce soit un ballet, une pièce de théâtre ou un opéra, je ne regarde pas les décors. Je ne sais pas pourquoi, mais pour moi ils n'apportent rien à ce que je suis en train de voir ou d'entendre. Au fond, les décors, c'est de la décoration, et vous savez ce que je pense de la décoration, ça ne m'intéresse vraiment pas.

MA – Deux questions encore sur la musique. La première : écoutez-vous des disques ou des cassettes et dans ce cas quel genre de musique choisissez-vous ? La seconde : quelle musique aimeriez-vous entendre comme accompagnement sonore d'un film réalisé sur votre œuvre et vous-même ?

FB – J'écoute de temps en temps des cassettes, et j'aime beaucoup entendre la Callas. Quant à votre seconde question, je ne sais vraiment pas quoi vous répondre. Je préfère vous la retourner. Que choisiriez-vous, vous-même ?

MA – Eh bien, sans y avoir vraiment réfléchi, je verrais, je crois, soit Berg, soit Webern, soit un musicien de jazz, comme Michel Portal ?...

FB – Oui, peut-être, alors disons que je vous ferais confiance.

MA – J'en viens maintenant à la question qui est, en quelque sorte, à l'origine de notre rencontre, il y a de cela maintenant quelques années. Vous savez que je m'intéresse à un domaine jusqu'à présent relativement peu exploré, celui des rapports entre musique et peinture. Que ce soit Pierre Boulez procédant à des analyses très fouillées de l'œuvre de Kandinsky ou consacrant plus récemment une longue étude à Paul Klee, ou bien Olivier Messiaen trouvant des correspondances entre des complexes de sons et des complexes de couleurs, pour ne citer que deux exemples de musiciens contemporains qui se sont interrogés sur les interactions entre musique et peinture et dont nous avons déjà eu l'occasion de parler, pensez-vous, d'une part, qu'on puisse envisager des convergences entre la musique et la peinture et pouvez-vous imaginer, d'autre part, qu'un peintre, à l'image des exemples que j'ai pris, puisse être influencé d'une façon ou d'une autre par la musique?

FB – Il m'est très difficile de répondre à des questions comme celles-ci, parce que j'ai l'impression que je ne comprends pas suffisamment la musique pour pouvoir dire des choses pertinentes sur un éventuel rapport entre peinture et musique. Par exemple, je suis très surpris de l'intérêt que Pierre Boulez porte à Paul Klee, mais c'est essentiellement parce qu'il y a quelque chose en moi qui m'empêche d'apprécier l'œuvre de ce dernier. Je sais que beaucoup de gens, réellement compétents en peinture, aiment énormément Paul Klee, mais il ne me dit rien du tout à moi. Je ne lui trouve rien d'attirant. Je trouve qu'il n'y a pas de volume dans ses tableaux, je suis même tenté de dire qu'il n'y a rien. Mais je suis prêt à admettre que c'est moi qui ne sais pas en apprécier les qualités, vu le grand nombre de gens qu'il passionne. Cela dit, c'est peut-être parce que je n'en ai pas vu assez, et que j'ai vu plus de reproductions que d'originaux, que je n'aime pas Klee. Et ça m'intrigue et m'intéresse que quelqu'un comme Boulez puisse consacrer un livre à cette œuvre.

Mais vous voyez, j'aurais bien du mal à répondre à votre question sur peinture et musique en partant de l'exemple de Klee. Je sais qu'il était également musicien et qu'il y a souvent des références à la musique dans les titres parfois humoristiques de ses œuvres. J'ai pensé d'ailleurs à cet égard que c'était peut-être le côté amusant de son travail qui attirait les gens mais, ne le connaissant pas bien, je ne perçois pas le lien entre musique et peinture chez lui.

MA – C'est à plusieurs niveaux que la musique a eu une influence sur la création de Klee. D'abord il était de parents musiciens et lui-même commença très tôt à étudier le violon. Il a ensuite souvent représenté des musiciens, des chanteurs, des formations musicales, et il s'est aussi efforcé de trouver des équivalences graphiques à la musique. C'est un thème qu'il a travaillé avec ses étudiants du Bauhaus. Il a transcrit d'ailleurs graphiquement à cette époque une partition de Jean-

Sébastien Bach. C'est vrai que la musique a toujours accompagné, d'une façon ou d'une autre, la vie, la création et la réflexion de Klee. Il n'est cependant qu'un exemple, parmi d'autres, de créateurs chez qui l'influence d'un autre art sur leur création a été manifeste.

FB – Oui, mais moi je crois qu'entre musique et peinture ces influences sont superficielles. Je pense qu'il y a là deux modes d'expression qui n'ont rien à voir entre eux et que chaque artiste dans son art est confronté à des problèmes très différents. Il se peut que, pour un musicien ou pour un peintre, une toile ou une musique produisent des émotions telles que chacun puise une incitation supplémentaire à créer dans son propre domaine, mais je crois que cela agira plutôt comme un simple déclic. J'ai réfléchi depuis la première fois où vous m'avez parlé de ces convergences et je crois qu'elles n'existent que de cette façon. Il y a peut-être des peintres, comme Klee par exemple, pour qui la musique aura été très importante, et d'autres, dont je suis, pour qui c'est surtout ce qu'ils voient, tout ce qu'ils voient, qui est déterminant, mais vraiment je pense que chacun travaille dans son domaine et que les influences fondamentales proviennent du domaine dans lequel on s'exprime. Je peux imaginer qu'en entendant une musique un peintre trouve une énergie supplémentaire pour créer, et que l'inverse aussi soit vrai, qu'en voyant une peinture un musicien ait d'autant plus d'enthousiasme à composer. Je connais pour moi-même ce phénomène d'incitation, pas avec la musique, mais avec des photos ou des œuvres d'autres peintres. Nous en avons déjà parlé à propos de Picasso par exemple, mais vraiment je ne crois pas à l'existence de convergences plus importantes. Comme déclic, oui, encore que, vraiment, pour moi je ne comprenne pas bien comment cela pourrait se produire avec la musique, vu ma difficulté à y comprendre quelque chose. Je veux bien admettre cette incitation, mais transcrire le langage de la peinture dans celui de la musique ou vice versa, cela me paraît impossible. C'est quelque chose qui, d'après moi, n'a pas de réalité ; ce sont deux domaines tellement différents ! La démarche musicale est beaucoup plus logique que celle de la peinture, n'est-ce pas ? Non, vraiment je ne vois pas à quoi cela peut correspondre.

MA – Selon vous, donc, ce rapprochement entre musique et peinture est problématique ; vous ne croyez pas à la fusion des arts ?

FB – Je ne sais pas, c'est peut-être possible dans l'opéra, mais je ne crois pas.

MA – Mais vous conviendrez néanmoins que cette idée d'interaction entre les arts peut avoir été productrice, qu'il a existé à certaines époques des convergences entre littérature et peinture ou encore entre musique et littérature. Je pense, parmi tant d'autres choses, au célèbre sonnet de Rimbaud sur les voyelles et leurs équivalences de couleurs ou, bien sûr, à la mise en musique de nombreux textes, que ce soit pour des mélodies ou dans le cadre de l'opéra.

FB – Ah oui, mais ce n'est pas la même chose! Il y a eu des rapprochements entre les peintres et les écrivains, les uns illustrant les grandes œuvres de la littérature, et les autres, de Baudelaire à Leiris, consacrant d'admirables textes à la peinture. En ce qui concerne le premier cas de figure, énormément d'œuvres, des manuscrits enluminés du Moyen Age aux ouvrages illustrés de notre siècle ou du précédent ou aux estampes qui accompagnent les tirages de luxe ou les éditions de tête, ont été réalisés, parfois très remarquablement, vous le savez bien. C'est une pratique très répandue, mais je n'ai jamais été attiré par elle. J'ai pu être stimulé par la lecture des grands textes de la littérature comme les tragiques grecs, particulièrement Eschyle, ou bien encore Shakespeare, mais pas directement.

MA – Que voulez-vous dire?

FB – Eh bien, je crois qu'on peut être provoqué à la création par tout et n'importe quoi, une publicité ou une tragédie du théâtre grec. Ce que les grands écrivains ont produit est une sorte de stimulant en soi. Leur lecture peut me donner envie de réaliser quelque chose à mon tour; c'est une sorte d'excitation, peut-être même comme une excitation sexuelle, comme quelque chose de très fort en tout cas, une sorte d'envie très puissante, mais pour moi cela ne prend pas la forme d'une tentative d'illustrer des textes, d'une façon ou d'une autre. Je sais que beaucoup aiment se consacrer à cette activité, moi pas du tout. C'est un genre qui comporte à mes yeux au moins deux défauts majeurs : d'une part, le fait que ce travail tend à l'illustration, ce que je vous disais à l'instant, et aujourd'hui il existe avec la photographie, le cinéma, la vidéo, des moyens autrement fiables et satisfaisants de rendre compte du réel; la peinture n'a rien à voir avec l'illustration, c'en est en quelque sorte tout le contraire, un peu comme la décoration est aussi tout le contraire de la peinture ; et d'autre part, le fait qu'on ait recours aux techniques de l'estampe, comme la gravure ou la lithographie, ou d'autres procédés encore, toutes techniques que je n'aime de toute façon fondamentalement pas. Passe encore pour la gravure, mais le manque de matière et de profondeur de la lithographie m'a toujours beaucoup gêné. Quant aux rapports entre musique et littérature, domaine que je ne connais vraiment pas, il est évident que les musiciens se sont servis des grandes œuvres de la littérature, même si cela a été souvent pour les adapter, mais je ne peux pas en parler, je ne connais pas du tout ce domaine.

MA – Vous avez néanmoins fait réaliser des lithographies, et encore récemment quatre d'entre elles ont illustré un ouvrage de Michel Leiris sur la corrida. Je sais aussi que vous aviez beaucoup aimé une couleur rouge foncé qui faisait le fond d'un lithographie réalisée il y a quelques années, couleur que vous avez recherchée et réussi à retrouver dans un tableau que vous avez peint quelque temps plus tard.

FB – Oui en effet, mais il n'empêche : je n'aime pas la lithographie. C'est un procédé, cela n'a rien à voir avec l'aventure que représente le travail sur la toile. Quant à la couleur dont vous parlez, disons que cela a été l'exception qui a confirmé la règle.

MA – Mais les lithos, avec les prix de vos toiles, c'est très bien, ça permet à des gens qui ne peuvent pas acheter vos tableaux et qui aiment ce que vous faites d'avoir quelque chose de votre œuvre qui soit autre chose qu'une affiche, ou une carte postale, ou une simple reproduction.

FB – Peut-être, je ne sais pas.

MA – Pour vous, donc, ces rapprochements entre les différentes formes d'expression artistique, cela n'a pas d'intérêt ?

FB – En effet, ça n'a pas vraiment d'intérêt, mais vous savez, c'est moi qui pense ça et au fond peu importe la façon dont on procède, l'important c'est toujours de parvenir à faire quelque chose. Ça c'est plus important que tout le reste. Si on parvient à faire quelque chose dans sa vie qui lui donne un sens, la manière par laquelle on y parvient, le domaine dans lequel on s'exprime, cela n'a aucune importance. C'est déjà tellement rare de parvenir à donner du sens à sa vie, et c'est tellement bien si l'on y arrive.

Troisième entretien

MA – La dernière fois que nous nous sommes vus, nous avons terminé notre entretien sur l'évocation des rapports entre musique et peinture, et d'une façon plus générale la possibilité ou non d'une rencontre, et même d'une fusion, des différents arts. Ces rapprochements entre des domaines d'expression différents ne vous paraissaient pas évidents, sauf peut-être pour l'opéra.

FB – En effet.

MA – Vous avez néanmoins souligné l'importance qu'avait toujours eue pour vous la littérature, non comme matériau qui vous aurait donné l'occasion d'illustrer des ouvrages, comme Matisse ou

Picasso ont pu le faire en leur temps, mais, d'une façon peut-être plus radicale, comme stimulation pour votre création.

FB – Oui, mais j'apprécie, vous savez, ce que Picasso a pu faire avec *Le Chef-d'œuvre inconnu* de Balzac, par exemple. Les eaux-fortes et les dessins qu'il a réalisés, ce n'est pas seulement de l'illustration, c'est beaucoup plus que ça pour moi, c'est vraiment magnifique.

MA – J'aimerais vous poser quelques questions sur la littérature et vos lectures. Vous avez cité les tragiques grecs et Shakespeare comme exemple de ces incitations à peindre que vous avez pu ressentir. Quelles sont, avec celles-ci, les autres lectures qui ont pu produire en vous de tels effets ?

FB – En fait, je lis toujours un peu la même chose. Je relis beaucoup. J'ai toujours eu une mauvaise mémoire, et avec l'âge les choses ne se sont pas arrangées. Je trouve même que c'est de pire en pire. Je relis Eschyle tout le temps, mais malheureusement en traduction. Comme je ne connais pas le grec, ce qui est vraiment un de mes regrets, je ne sais si ce que je lis est ce qu'Eschyle a réellement écrit. J'ai parmi mes amis quelqu'un de très fort en grec ancien qui m'a toujours dit qu'il fallait vraiment connaître cette langue pour parvenir à lire et à apprécier correctement Eschyle ou un autre grand tragique. Cela soulève le problème de la traduction. Je crois volontiers cet ami, parce que avec les auteurs français que je parviens un peu à lire dans votre langue, je me rends compte, lorsque ensuite je les reprends en anglais, à quel point cela n'a rien à voir, comme le passage d'une langue à une autre relève vraiment de l'impossible. Plus on est en présence d'un grand écrivain, prosateur ou poète, plus la traduction semble difficile. Racine, Baudelaire, Rimbaud, Proust, je les ai lus en français, mais je sais que je ne comprends pas assez bien votre langue pour lire les grands textes de votre littérature de façon satisfaisante. Il faut avoir une connaissance profonde de la langue pour lire la poésie, ou même la prose de Proust, en français. En même temps il y a une si incroyable déperdition dans toute traduction. On s'est mis par exemple à traduire Racine en anglais, et ce n'est absolument pas possible. On ne peut pas non plus traduire vraiment bien les grands poètes anglais en français. Quel que soit le mérite des traducteurs, je pense que l'on ne peut pas comprendre Shakespeare à travers les traductions. C'est impossible, on passe à côté.

MA – Les tragiques grecs, Shakespeare, Racine, Baudelaire, Rimbaud, Proust, les noms qui vous viennent immédiatement à l'esprit sont tous des noms d'auteurs classiques. Lisez-vous des auteurs contemporains?

FB – Oui, quelques-uns, mais pas énormément et moins maintenant qu'auparavant.

MA – Vous avez connu, je crois, Marguerite Duras?

FB – Oui, je l'ai rencontrée grâce à Sonia Orwell, avec qui elle était très liée.

MA – Avez-vous lu ses livres?

FB – Non. J'ai vu le film de Resnais, *Hiroshima, mon amour*, qui est tiré d'un de ses scénarios. J'ai entendu parler de *L'Amant*, je sais que c'est un livre qui a suscité un énorme enthousiasme. Ça a été un grand succès chez vous, n'est-ce pas?

MA – Oui, considérable, un des très gros succès de librairie des années 80. Il s'en est vendu énormément, et il a été traduit dans je ne sais combien de langues. Et puis il y a eu le film, et à nouveau le livre s'est beaucoup vendu.

FB – Oui, c'est ce que l'on m'a dit.

MA – Vous savez, j'ai un ami à Paris qui pense que d'autres ouvrages de Duras, en particulier *Un Barrage sur le Pacifique*, étaient de meilleurs livres que *L'Amant*, et il dit pour plaisanter que si ce livre-ci a eu autant de succès, c'est parce qu'il était composé en gros caractères et qu'il n'était pas trop épais. Comme les gens ont peu de temps pour la lecture maintenant, cela explique, d'après lui, le succès de *L'Amant*. En fait, à un moment, sans qu'on sache trop bien pourquoi, tout le monde s'est mis à parler de ce livre ; ça a été une sorte de snobisme : il fallait absolument l'avoir lu.

FB – Oui, cela se passe souvent comme ça maintenant. Il y a des modes, une chose, puis une autre, puis encore une autre. Les gens s'enthousiasment, et puis cela retombe.

MA – Absolument, ce sont des modes de plus en plus rapides ; elles se succèdent presque au rythme des collections du prêt-à-porter ou de la haute couture, une nouvelle tous les six mois.

Mais pour revenir aux écrivains contemporains, avez-vous lu ou vu jouer du Samuel Beckett, qui était irlandais comme vous, et auquel on a pu faire référence pour trouver un équivalent littéraire à votre œuvre ?

FB – J'ai toujours été étonné de ce

rapprochement entre Beckett et moi. D'abord, on ne peut pas vraiment dire que je suis irlandais. C'est vrai que je suis né à Dublin, et qu'il y a des choses que j'aime en Irlande, ne serait-ce que la façon dont les gens inventent leurs phrases. Il y a de très grands écrivains, surtout des poètes, dans ce pays, Synge, Yeats, et je partage peut-être avec les Irlandais un certain enthousiasme désespéré. Et puis je suis, il est vrai, resté attaché à certains souvenirs de l'époque où enfant je vivais en Irlande. Mais mes parents étaient anglais, et j'ai passé mon enfance entre l'Angleterre et l'Irlande. Beckett a vécu beaucoup plus longtemps en Irlande que moi, à ce que je crois.

MA – Oui, mais il a aussi vécu à Londres, puis est parti s'installer à Paris. Et vous-même, vous avez vécu en France.

FB – Oui, mais vraiment à part ces coïncidences de lieux, je ne vois pas ce que nous avons en commun. Il est vrai que je ne connais pas bien son œuvre. J'ai vu bien sûr *En attendant Godot*, que je n'ai d'ailleurs pas trouvé très intéressant, et puis aussi quelques-unes de ses petites pièces qui étaient, d'après moi, bien meilleures. Il y avait ici à Londres une très bonne actrice qui avait l'habitude de les jouer. Beckett écrivait souvent pour elle. Je ne me souviens malheureusement plus de son nom. C'était des pièces très courtes, pas plus d'une demi-heure, vingt minutes à peine, et ce n'était pas mal du tout. Mais si vous voulez mon avis, j'ai toujours trouvé que Shakespeare avait exprimé bien mieux et d'une façon plus juste et plus puissante ce que Beckett et Joyce avaient cherché à dire. Pour parvenir à montrer le maximum de choses avec le minimum de moyens, il faut être très fort. Avoir un instinct très sûr, être très inventif, même Shakespeare n'y est pas toujours parvenu. Il y a des longueurs terribles chez lui. Beckett a cherché, je crois, à dire beaucoup en éliminant au maximum pour se dégager de tout superflu. La démarche est intéressante. En peinture, on laisse toujours trop d'habitude, on n'élimine jamais assez, mais chez Beckett j'ai souvent eu l'impression qu'à force d'avoir voulu éliminer, il n'est plus rien resté, que ce rien en définitive sonnait creux, et que tout cela devenait complètement vide. Il a voulu rendre simple quelque chose de très compliqué, l'idée était peut-être bonne, mais je me demande si le cérébral chez lui n'a pas trop pris le pas sur le reste. C'est un peu la même impression que celle que j'ai avec Seurat, et dont nous avons parlé. Je me demande si les idées de Beckett sur son art n'ont pas fini par tuer sa création. Il y a quelque chose à la fois de trop systématique et de trop intelligent chez lui, c'est peut-être cela qui m'a toujours gêné.

MA – Et vous ne pensez pas que vos toiles peuvent évoquer l'univers beckettien, qu'on peut établir des correspondances entre l'atmosphère générale dans laquelle baigne votre peinture et l'œuvre de Beckett, ainsi par exemple que le montre Didier Anzieu dans le livre que je vous ai apporté ?

FB – Je sais que c'est ce que certains pensent et disent, mais franchement, je ne vois pas bien en quoi ce que Beckett voulait faire a un rapport avec ce que j'ai voulu faire. D'après ce que vous m'avez dit je trouverai dans le livre que vous m'avez donné des réponses sur ces rapprochements entre son œuvre et la mienne. Je suis un peu sceptique, mais je le lirai, cela m'intrigue.

MA – Pour vous, si je comprends bien, la grande référence reste donc Shakespeare ?

FB – Oui, probablement parce que je suis de langue anglaise, même si j'aime beaucoup lire les auteurs français, malgré mon français limité. Mais c'est vrai que je reviens toujours à Shakespeare. Il a écrit des choses tellement inouïes. Prenez la dernière grande tirade de *Macbeth*, ces si fameux vers sur la mort et la fugacité de la vie, le temps qui passe et qui n'a plus aucune signification. C'est extraordinaire un passage comme celui-là. Et il y en a tellement d'autres aussi magnifiques. Mais il m'arrive de ressentir un choc identique avec d'autres textes. *L'Orestie* d'Eschyle, c'est aussi absolument incroyable, vous savez. Seulement, avec Shakespeare, j'ai peut-être une familiarité qui prend son origine dans une histoire que racontait mon père. Quand j'étais jeune, on se posait beaucoup de questions sur l'identité exacte de Shakespeare, ce qui, je crois, n'est plus le cas aujourd'hui, et parmi les personnes dont on pensait qu'elles pouvaient se cacher derrière ce nom de Shakespeare, il y avait le Francis Bacon qui a vécu à cette époque et auquel, d'après mon père, ma famille est apparentée. C'était un type formidable, probablement le seul homme de la Renaissance que nous ayons vraiment eu ici en Angleterre. Il a été politicien, homme de sciences, philosophe, inventeur tout à la fois, tout à fait dans l'esprit des grandes figures de la Renaissance. Il a failli inventer le réfrigérateur. Il avait essayé de mettre des poulets dans de la glace pour les conserver. C'était vraiment un personnage étonnant. La reine Elisabeth Ire le détestait, mais il n'en avait cure, c'était un esprit libre. Peut-être cette histoire de mon père concernant ce touche-à-tout de génie a-t-elle contribué à me rendre Shakespeare plus familier encore, mais je reconnais que tout cela est plutôt, bien sûr, la petite histoire. J'ai toujours beaucoup lu Shakespeare, et il fait partie de ces créateurs qui ont produit en moi des excitations propices à mon travail.

MA – Vous avez peint des toiles à partir du masque de William Blake, masque qui n'est pas un masque mortuaire, mais qui a été réalisé du vivant de Blake. Blake est-il, comme Shakespeare, un de ces créateurs incitatifs ; fait-il partie des poètes que vous aimez ?

FB – Non, pas particulièrement. Cela

dit, je trouve que ses poèmes sont meilleurs que sa peinture ou ses dessins que je n'aime alors vraiment pas du tout. C'est même tout ce que je déteste le plus, je crois. Tout ce côté mystique chez lui, tant dans ses peintures et ses dessins que dans sa poésie, me déplaît énormément. Je n'aime pas, vous le savez, ce qui touche de trop près à la religion!

MA – Mais alors pourquoi avoir fait ces toiles?

FB – Vous savez, c'est très simple, quelqu'un m'a donné cette tête de Blake que vous voyez là, et j'en ai réalisé trois versions différentes, mais ce n'était pas un hommage à l'œuvre de Blake, parce que vraiment elle ne me dit rien du tout. Non, là, c'est l'image, en quelque sorte en elle-même, qui a produit ces peintures. Parce que c'est vrai que c'est quand même plus souvent des images que des mots qui me permettent une ouverture ou un déblocage. Et puis c'était un modèle qui m'était proposé à un moment où cela pouvait m'aider dans mon travail, un peu comme les photos ont pu le faire.

MA – Lors de notre précédent entretien, j'ai évoqué un ensemble de quatre lithographies qui illustrent un ouvrage de Michel Leiris sur la corrida, que celui-ci n'aura malheureusement pas pu voir tout à fait achevé. Leiris occupe une place un peu à part parmi les écrivains contemporains que vous avez connus. Une longue et forte amitié vous liait. Pouvez-vous me parler un peu de lui ?

FB – Ah oui, parce que la première chose que je voudrais dire à son propos, c'est que les Français ne lui ont pas donné, je trouve, la place qu'il mérite. C'est, je pense, un grand, un très grand écrivain et il demeure peu connu chez vous, et c'est dommage. Je l'ai rencontré à vrai dire à la fois par Sonia Orwell qui les avait connus, sa femme Louise et lui, par Merleau-Ponty, je crois, et lorsqu'il est venu ici à Londres pour l'exposition Giacometti à la Tate Gallery. Sonia, ou peut-être David

Sylvester lui-même, lui a demandé, lors d'un dîner, qui pourrait traduire en français, d'après lui, les conversations que nous avions eues Sylvester et moi. Peu de temps après, il a proposé de le faire lui-même, en disant que ça l'intéressait. J'ai eu une chance extraordinaire car il a fait une traduction magnifique, qui est peut-être meilleure que l'original. Il a fait passer toute sa sensibilité, tout son instinct, et il est parvenu à donner un sens plus profond à ce que j'avais pu dire. C'est extraordinaire, je me suis senti beaucoup plus intelligent en le lisant. Je ne pensais pas avoir dit de telles choses. C'est parce que c'est un grand écrivain, et c'est probablement le seul cas où une traduction est possible, lorsque c'est un écrivain, un vrai, qui s'en charge.

J'aimais beaucoup Michel Leiris, c'était un ami merveilleux et un homme tout à fait passionnant. Il avait une réelle connaissance de la peinture, une connaissance en quelque sorte de l'intérieur. Il admirait énormément Picasso. Il m'a dit un jour : « Pour moi, Picasso était un phare. » Picasso illuminait tout pour lui. Je n'étais pas aussi enthousiaste que lui, parce que, comme je vous l'ai dit, il y avait beaucoup de choses que je n'aimais pas chez Picasso, mais lui l'aimait dans sa tota lité. Il aimait beaucoup Giacometti, mais je pense que Picasso restait la référence absolue. C'était peut-être aussi une question d'âge. Il y avait, je crois, près de vingt ans de différence entre les deux, et Picasso était vraiment le grand aîné, il était indépassable.

Avec Leiris, comme avec d'autres amis français, j'ai néanmoins toujours eu un problème, celui de ma connaissance insuffisante, fragmentaire de votre langue. Je l'ai apprise au fur et à mesure, par goût pour la France, mais comme je pense qu'on ne peut parler de son travail que dans sa langue, ou du moins dans une langue qu'on maîtrise parfaitement, j'ai toujours eu l'impression que les conversations que j'avais en français demeuraient limitées. Je l'ai beaucoup regretté, surtout avec Leiris. De même pour ses livres. Il a écrit des ouvrages que j'admire beaucoup comme *La Règle du jeu* ou *L'Age d'homme*, ainsi qu'un texte très remarquable sur mon travail, mais lorsqu'il m'a donné ce dernier texte à lire en français, je me souviens que j'ai eu du mal à en saisir toute la profondeur et toutes les nuances. Pour moi c'est toujours un peu le même problème avec les Français. Leiris avait un très bon ami, Jacques Dupin, le poète, que j'aime beaucoup et que Michel admirait, mais pour apprécier tout à fait son œuvre, voilà, il y a toujours pour moi l'obstacle de la langue.

MA – En ce qui concerne vos lectures, préférez-vous lire de la prose ou de la poésie?

FB – Disons que je trouve que tout est dit d'une façon beaucoup plus ramassée et plus exacte avec la poésie. C'est pourquoi j'en lis plus volontiers que de la prose. Mais j'ai lu les grands prosateurs aussi.

MA – Les Français?

FB – Oui, du moins certains d'entre eux.

MA – Balzac, vous l'avez lu en français, comme Proust?

FB – Oui, Proust je l'ai lu aussi en anglais, mais ce n'est pas du tout la même chose. Ce que j'admire beaucoup chez lui, c'est toute son analyse des comportements et en particulier son analyse de la jalousie. Quant à Balzac, j'ai évoqué tout à l'heure ce que Picasso avait fait avec *Le Chef-d'œuvre inconnu*. Vous savez, les eaux-fortes et les dessins qu'il a réalisés pour ce livre, eh bien, voilà un bon exemple pour moi de ces influences qu'on peut subir, qui vous font réfléchir et qui produisent d'autres œuvres. En art, c'est une longue chaîne qui n'en finit pas. La connaissance n'est pas cumulative comme en science. Proust n'a pas été plus profond que Balzac, il a montré les choses différemment. C'est une affaire de style. Et c'est vrai aussi pour la peinture. On ne peut pas dire,

Picasso c'est mieux que Cézanne, ça serait idiot. En science, on pense que ce qui vient après est plus vrai que ce qui était avant, ce n'est pas du tout la même chose en art, le temps n'est pas le même, et je ne suis pas sûr d'ailleurs que dans les sciences, au niveau des recherches et des découvertes, ça se passe comme je viens de le dire.

MA – Braque disait : « L'écho répond à l'écho, tout se répercute. »

FB – Oui, c'est cela, c'est une belle définition. Parce que créer quelque chose, c'est cela, une sorte d'écho d'un créateur par rapport à un autre.

MA – Ce pourrait être pour vous une bonne définition de la création ?

FB – Oui, encore que je ne sais pas comment vous dire, mais comme je n'ai absolument pas un esprit ordonné, c'est aussi par une sorte de rejet continu que je parviens à créer. Les deux sont vrais : l'écho et le rejet. C'est tout ce que je n'aime pas et tout ce qui m'influence qui contribuent à ce que je fais.

MA – Nous parlions de Leiris. Il a participé entre 1924 et 1929 au mouvement surréaliste. Avez-vous, vous-même, été influencé par ce mouvement, que ce soit par ses écrivains ou par ses peintres?

FB – Non, je n'ai jamais aimé la peinture surréaliste, Dali, Ernst, ils ne m'intéressent pas. Je pense d'ailleurs que ce sont les écrivains, dans ce mouvement, qui ont été les meilleurs. Tous les textes, manifestes, revues qu'ils ont écrits, conçus et publiés, et la grande activité de lecture et d'écriture qu'il y a eue avec Breton et autour de lui constituent, d'après moi, l'aspect le plus intéressant du surréalisme.

MA – Vous n'aviez pas été accepté, en 1936, à une exposition surréaliste?

FB – Oui, en effet, mes tableaux avaient été refusés, ils n'étaient pas suffisamment surréalistes, d'après les organisateurs. Moi je pense que mes tableaux n'étaient pas du tout surréalistes! En fait, mes rapports avec le surréalisme sont un peu compliqués. Je crois que j'ai été influencé par ce que représentait ce mouvement de révolte contre les ordres établis, en politique, en religion, en arts aussi bien sûr, mais mes tableaux n'ont pas vraiment traduit cette influence. Enfin, dans les premières années de mon travail, peut-être tout de même un peu. Même dans la toile que j'ai faite en 46, *Painting 46*. Mais c'est vrai en définitive que ma peinture n'a rien à voir avec la peinture surréaliste. A posteriori, on peut dire que ceux qui refusèrent mes toiles à l'exposition de 1936 avaient vu juste. Je ne suis pas un peintre surréaliste.

MA – Et vous vous définiriez comment?

FB – Peut-être par ce que je n'aime pas.

MA – Et mis à part le surréalisme, qu'est-ce que vous n'aimez pas d'autre en peinture? L'abstraction, n'est-ce pas?

FB – Oui. L'abstrait me semble une solution de facilité. La matière picturale en soi est abstraite, mais la peinture, ce n'est pas seulement cette matière, c'est le résultat d'une sorte de conflit entre la matière et le sujet. Il y a là comme une tension, et j'ai l'impression que les peintres abstraits éliminent d'emblée un des deux termes de ce conflit : la matière imposerait seule ses formes, ses lois. Ça me paraît une simplification. C'est vrai aussi que, pour moi, il y a toujours l'importance de la figure humaine, de ses transformations constantes. L'abstraction ne m'a jamais paru suffisante ; elle ne m'a jamais satisfait. Elle me semble au fond se réduire à l'aspect uniquement décoratif de la peinture.

MA – Vous privilégiez la figure humaine sur les paysages ?

FB – Oui, mais cela me semble normal. En tant qu'être humain, je me sens plus concerné par la représentation de l'humain.

MA – Et dans la figure humaine, particulièrement l'autoportrait ?

FB – Non, pas particulièrement. J'ai

fait beaucoup de portraits d'amis. Il faut que je les connaisse bien, que j'aie pu longuement les observer.

MA – Mais vous avez réalisé beaucoup d'autoportraits à une époque?

FB – A un moment donné, lorsque je ne pouvais plus trouver d'autres modèles, je me suis peint, mais c'était faute de mieux, pas parce que je trouvais cela plus intéressant en soi.

MA – Il y a néanmoins une tradition prestigieuse de l'autoportrait en peinture?

FB – Oui, en effet.

MA – Et l'autoportrait ne vous semble pas comme l'essence même de la peinture figurative?

FB – Non, je ne pense pas; c'est un modèle comme un autre. L'important, c'est toujours de parvenir à saisir ce qui ne cesse de se transformer, et le problème est le même, que ce soit pour un autoportrait ou pour le portrait de quelqu'un d'autre.

MA – Vous avez dit tout à l'heure que l'image avait probablement plus de force pour vous que toute autre chose. De quelles images s'agit-il ; à quelles images pensez-vous en disant cela ?

FB – Mais je ne sais pas, je regarde tout. La vie passe devant vous et vous la regardez, et voilà. On est tout le temps assailli par des images. Bien sûr, il y en a très peu qui restent, qui sont déterminantes, mais certaines ont un effet considérable. Il est difficile de dire quelque chose de cet effet, parce que, vous savez, ce n'est pas tant l'image qui compte que ce que vous en faites et ce que certaines images aussi produisent comme effets sur d'autres images. Il se peut, par exemple, que le fait d'avoir vu l'image du Sphynx change la façon que l'on aura de voir un homme qui passe dans la rue. Je crois que chaque image, chaque chose qu'on voit, change notre façon de voir les autres choses. Il y a un effet de changement permanent qui se produit en moi. Certaines images, et peut-être même tout ce que je vois, peuvent modifier imperceptiblement tout le reste. Il y a une sorte d'influence de l'image sur l'image; c'est très mystérieux, mais je suis sûr que cela se produit.

MA – En parlant du livre de Marguerite Duras, nous avons évoqué les phénomènes de mode qui régissent de plus en plus nos sociétés, tant dans leurs choix économiques que culturels; selon vous, quelle place l'artiste peut-il occuper aujourd'hui dans la société?

FB – C'est une question à laquelle je ne peux répondre qu'à partir de mon expérience, qui a toujours été celle d'un solitaire. Certains artistes ont peut-être eu besoin de créer des mouvements, de se rattacher à une école ou à un courant. Moi, j'ai tout simplement du mal à trouver des artistes avec qui dialoguer. En tout cas ici en Angleterre. Dans les autres pays, la question ne se pose même pas, vu, toujours, l'obstacle de la langue. Il y a aussi des artistes qui se rapprochent des pouvoirs; les exemples sont nombreux dans notre siècle, et pas seulement avec des artistes de second rang : Picasso a adhéré au parti communiste. Mon expérience à moi a toujours consisté à être complètement seul. J'aurais donc tendance à vous dire que je vois plutôt l'artiste comme quelqu'un de seul au milieu de la société dans laquelle il vit.

MA – Mais seul ne signifie pas forcément pour vous, si je comprends bien, indifférent à ce qui se produit autour de vous?

FB – Étant donné qu'on vit dans une certaine société à une certaine époque, on est, bien sûr, toujours impliqué dans les événements de son temps.

MA – Suivez-vous l'actualité politique?

FB – Pas de très près, mais à partir du moment où on lit les journaux, on ne peut pas ignorer ce qui se passe.

MA – Que vous inspire la vie politique actuelle, d'une façon générale?

FB – Vous savez, je suis né en 1909. Depuis cette époque, il y a bien eu des douzaines de guerres et de conflits à travers le monde, à commencer par les événements d'Irlande et la Première Guerre mondiale, peu de temps après ma naissance. J'ai l'impression que les gens de ma génération ne peuvent pas vraiment imaginer une humanité sans guerre. C'est assez effrayant à dire, mais je crois que c'est une expérience que beaucoup de gens ont faite. La guerre a toujours été présente pour eux. Alors, les événements actuels... La différence peut-être, aujourd'hui, ce sont les moyens d'information. Avec la radio, la télé, les journaux, on nous raconte tout ce qui se passe, on entend tout de partout. Je ne pense pas que cela rende les gens plus intelligents, que cela développe davantage leur esprit critique; on pourrait l'espérer, mais je n'en ai pas l'impression. De toute façon, il serait très difficile d'ignorer ce qui se passe à travers le monde.

MA – Beaucoup de gens ressentent de la violence dans vos toiles. Pensez-vous qu'ils perçoivent là la violence du siècle que vous venez d'évoquer?

FB – Mais je suis toujours très surpris lorsqu'on parle de la violence de mes toiles. Moi, je ne les trouve pas du tout violentes. Je ne sais pas pourquoi les gens pensent qu'elles le sont. Je ne cherche jamais la violence. Il y a un certain réalisme dans mes toiles qui peut peut-être donner cette impression, mais la vie est tellement violente, tellement plus violente que tout ce que je peux faire! On est tout le temps assailli par la violence, et aujourd'hui, avec ces millions d'images qui viennent de partout, la violence est partout et permanente. Vraiment, je ne parviens pas à penser que mes toiles sont violentes. Mais c'est peut-être le mot lui-même de violence qu'au fond je ne comprends pas bien. Dans un certain sens les Picasso que j'aime sont violents, mais pas par leur sujet, ils sont violents par les couleurs et les formes qu'ils emploient, et c'est parce que ces tableaux-là sont tellement remarquablement faits qu'on peut dire d'une certaine manière qu'ils sont violents. Ils sont violents par l'incroyable charge émotionnelle qu'ils produisent, et c'est une violence magnifique.

MA – Ce n'est pas une violence qui détruit, c'est une violence constructrice en quelque sorte.

FB – Oui, en tout cas c'est ainsi que je ressens les choses. Certaines œuvres de Picasso n'ont pas seulement débloqué des images pour moi, mais aussi des façons de penser, et même des façons de se comporter. Cela s'est produit rarement, mais cela m'est arrivé. Ça cassait quelque chose en moi, vous comprenez, mais pour que quelque chose d'autre apparaisse. Disons que ce n'était pas une violence stérile.

MA – René Char disait : « Enfin si tu détruis, que ce soit avec des outils nuptiaux. »

FB – Oui, c'est cela, la violence qui ouvre sur quelque chose, c'est rare, mais c'est ce qui peut parfois se produire en art; des images font éclater l'ancien cadre et rien alors n'est plus comme avant.

MA – Vous n'avez donc pas le sentiment que votre œuvre est tragique, que, comme certains le ressentent, elle baigne dans une atmosphère où l'angoisse le dispute à la douleur et à la mort?

FB – De toute façon, la vie et la mort vont bras dessus bras dessous, n'est-ce pas? La mort est comme l'ombre de la vie. Quand on est mort, on est mort, mais tant qu'on est en vie, l'idée de la mort vous poursuit. C'est peut-être normal que les gens aient ces impressions en regardant mes toiles. Ça m'étonne un peu, parce que je suis plutôt optimiste, mais enfin pourquoi pas?

MA – Vous êtes optimiste?

FB – Ce n'est pas l'optimisme du croyant, c'est le plaisir qui parfois vous prend d'être en vie, l'excitation de réaliser quelque chose, même d'ailleurs si l'on n'y parvient presque jamais; je vous le disais, c'est en quelque sorte un optimisme désespéré.

MA – Vous n'êtes pas croyant, mais vous avez reçu une éducation religieuse?

FB – Oui, oui, mais pas beaucoup, il faut le dire, et puis très vite c'est parti.

MA – Pouvez-vous me parler un peu de votre enfance en Irlande?

FB – Je n'ai pas passé toute mon enfance en Irlande, loin de là. Mes parents ne tenaient pas en place. Nous avons vécu entre l'Angleterre et l'Irlande et nous n'avons cessé de déménager, pour aller d'un pays à l'autre, et, à l'intérieur de chacun des pays, d'une maison à une autre. Je suis resté attaché à certains lieux comme la maison de ma grand-mère maternelle, Farmleigh où nous avons habité après la fin de la Première Guerre mondiale.

MA – Est-ce cette maison dont certaines pièces avaient une forme arrondie?

FB – Oui, en effet toutes les pièces qui donnaient sur le jardin. C'était une assez grande maison. On ne sait jamais vraiment, mais il se peut que l'emploi que je fais d'arrière-plans courbes, dans certains de mes tableaux, soit une réminiscence de ces pièces, peut-être.

MA – Quels souvenirs gardez-vous de votre père et de votre mère?

FB – Je n'ai pas beaucoup de souvenirs. Je ne me suis jamais entendu, ni avec l'un, ni avec l'autre. J'ai l'impression qu'ils ont toujours pensé que j'étais un enfant un peu bizarre, et lorsque j'ai commencé à dire que je voulais devenir peintre, cela leur a paru ridicule. Peut-être avaient-ils raison? Peut-être était-ce ridicule de ma part?

MA – La vie vous a donné raison.

FB – Oui, mais il est vrai que j'ai mis beaucoup de temps avant de peindre régulièrement, et ça pouvait sembler bizarre à mes parents que je veuille devenir artiste. Il n'y avait pas d'artiste dans la famille, ce n'était pas une tradition.

MA – Vous aviez des frères et sœurs. Quels étaient vos rapports avec eux?

FB – J'avais deux frères et deux sœurs. Mes deux frères sont morts, le premier au Zambèze, à vingt-huit ans, après être parti pour l'Afrique du Sud, où une de mes sœurs, qui est ma cadette de neuf ans, vit toujours, et le second d'une pneumonie. A l'époque, il n'y avait pas les médicaments pour soigner cette affection, et sa mort a été un déchirement pour mon père. C'est même, je crois, la seule fois où j'ai vu celui-ci en proie à une intense émotion. Il aimait beaucoup mon frère. Il ne s'entendait par contre pas avec moi.

MA – Et comment s'est déroulée votre scolarité?

FB – Eh bien, je n'ai pas été à l'école très longtemps. Je n'aimais pas du tout l'école, et puis avec tous les déménagements de mes parents... C'est plus tard que je me suis instruit; j'ai lu, soit des ouvrages que des gens me recommandaient soit des livres que je découvrais moi-même, et c'est plutôt ainsi que je me suis formé. Les études, l'école, ça n'a jamais été pour moi.

MA – Et par rapport à la peinture,

vous n'avez jamais suivi aucun enseignement?

FB – Non, je ne crois pas du tout à l'enseignement. C'est en regardant que l'on apprend. C'est cela qu'il faut faire, regarder.

MA – Mais bien des peintres, je pense notamment à Cézanne, Matisse et d'autres, ne se sont pas seulement contentés de regarder, lorsqu'ils étaient encore des jeunes peintres, ils ont beaucoup copié les œuvres des Anciens. Les Français allaient au Louvre. Vous n'avez pas été tenté de faire la même chose?

FB – Non. C'est vrai que beaucoup de peintres se sont formés ainsi, mais cela n'a pas été mon cas. Je n'en ai jamais ressenti la nécessité. Je crois que j'ai toujours pensé que l'on ne pouvait pas prendre le génie des autres, malheureusement. Bien sûr, j'ai été littéralement obsédé par certaines œuvres des grands peintres du passé.

MA – Vous pensez par exemple au *Portrait du Pape Innocent X* de Vélasquez?

FB – Oui.

MA – Mais c'est venu plus tard et il ne s'agissait pas de copies, mais en quelque sorte d'interprétations de votre part de ce fameux portrait.

FB – Oui, peut-être aurais-je dû me contenter de le copier, d'ailleurs. J'ai essayé de refaire ce portrait, mais je trouve que rien de ce que j'ai fait n'a marché.

MA – Mais pourtant ces toiles, de l'avis de tous, font partie de vos œuvres les plus importantes!

FB – Peut-être pour les autres, mais pas pour moi. Je considère que cela a vraiment été une erreur de ma part de réaliser ces toiles. J'ai été hanté par cette œuvre, par les reproductions que j'en avais vues. C'est un portrait tellement extraordinaire. Alors j'ai voulu faire quelque chose à partir de là. C'est un exemple de ce que je vous ai déjà dit, j'ai été très bouleversé par cette toile, et j'ai été comme poussé à réaliser ce que j'ai fait. J'avais ressenti une grande excitation devant cette image. Malheureusement, je ne suis pas parvenu à un résultat satisfaisant.

MA – Je crois que vous n'aviez pas vu l'original, n'est-ce pas?

FB – En effet. Lorsque j'aurais eu l'occasion de le voir, lors d'un séjour à Rome, je n'étais pas bien du tout. C'était une période où j'allais mal, et à ce moment-là, je ne me sentais pas en état d'y aller.

MA – Depuis maintenant quelques années que je vous connais, j'ai toujours eu l'impression que vous étiez quelqu'un de solitaire, pas seulement dans votre travail, où c'est d'une certaine façon une évidence, par la ténacité que vous avez mise à suivre votre chemin, en dehors des sentiers battus des modes et des mouvements, mais également dans votre vie. Avez-vous toujours ressenti ce besoin de solitude, recherché cet état?

FB – Oui, c'est vrai, j'ai le sentiment d avoir passé la plus grande partie de ma vie seul, mais en réalité cela dépend des circonstances. Si je travaille, je n'ai pas envie de voir des gens, je n'ai aucune envie de recevoir des visites. C'est pour ça que la sonnette de mon atelier ne marche pas. On peut sonner, je n'entends pas. C'est bien sûr beaucoup mieux pour moi de ne pas être dérangé dans des moments comme ceux-là. La seule exception que je ferais, peut-être, ce serait au cas où je serais très amoureux, mais bien sûr, ce sont des situations exceptionnelles, surtout quand on devient vieux.

MA – Comment vos journées s'organisent-elles généralement ?

FB – Je préfère travailler le matin. D'ordinaire, je me lève tôt, vers six heures, et je travaille jusque vers onze heures ou midi, puis, après le déjeuner, je me donne quartier libre, je flâne, je vais dans les pubs et c'est vrai que j'y vais plutôt seul. Ça m'arrive aussi d'y aller avec des amis, ou avec des gens qui sont venus me voir. J'y retrouve aussi des gens qui viennent là, comme moi, pour boire ou rencontrer d'autres gens, mais ce ne sont pas des amis, ce sont des connaissances. D'une façon générale, c'est comme pour l'amour, avec l'âge, on voit de moins en moins de gens, et les gens s'intéressent de moins en moins à vous.

MA – Vous pensez vraiment cela?

FB – Oui. Bien sûr, il y a des gens qui apprécient ma peinture, oui..., mais se faire des amis à mon âge, ça devient difficile. De plus, j'ai beaucoup d'amis qui sont morts. Je n'ai pas eu beaucoup de chance de ce côté-là, bien des gens que j'aimais sont morts, et pas seulement depuis que je suis vieux, avant déjà...

MA – Mais justement, des amis, vous en avez eu toute votre vie; l'amitié est une chose importante pour vous?

FB – Oui, assurément, mais tout est quand même subordonné à mon travail. Ces dernières années, j'ai été assez malade, surtout pendant deux ans, et pendant cette période je n'ai pas pu travailler et depuis non plus et bien sûr cela a réduit ma disponibilité. C'est une question d'âge et de santé.

MA – Vous avez fait de l'asthme toute votre vie?

FB – Oui.

MA – Pensez-vous que, comme on a pu le dire de Proust, cette maladie a pu avoir une influence sur votre travail?

FB – Ça, je ne saurais pas vous dire, mais ce qui est sûr, c'est que j'ai toujours vécu avec, qu'il m'accompagne depuis plus longtemps encore que la peinture, et que c'est une expérience quotidienne. C'est probablement quelque chose qui a influé sur mon travail, mais comment, il m'est impossible de le dire.

MA – Vous parliez à l'instant de pubs et de boisson. L'alcool vous a-t-il aidé dans votre travail?

FB – Non, je ne pense pas. Quand j'ai trop bu, je ne peux pas travailler. Je sais qu'il y a des artistes qui y parviennent, mais ce n'est pas mon cas. Ça ne m'aide pas du tout. Non, la boisson, c'est à la fois parce que j'aime ça, et puis parce que la plupart de mes amis et moi-même nous étions ce que l'on appelle des grands buveurs. Du point de vue de la peinture, l'alcool n'a pas été vraiment un stimulant, sauf peut-être en de rares occasions. Mais la plupart du temps, lorsque je buvais, cela me rendait les choses plus difficiles.

MA - Parmi tous les éléments qui interviennent dans votre travail, quelle est l'importance de l'endroit? Pouvez-vous peindre n'importe où que vous soyiez?

FB – Oh non, je ne peux peindre qu'ici, dans mon atelier. J'en ai eu bien d'autres, mais cela fait près de trente ans que je suis ici et cela me convient tout à fait. Je ne peux pas travailler dans des endroits trop ordonnés. Il m'est beaucoup plus facile de peindre dans un endroit comme celui-ci qui est en désordre. Je ne sais pas pourquoi, mais ça m'aide. Je crois que c'est la même chose par rapport à mon travail. Quand je commence, je peux avoir des idées, mais, la plupart du temps, j'ai seulement et surtout l'idée de faire, et cela n'a rien de bien ordonné dans ma tête, je réponds à une excitation, un point c'est tout. Si cela doit s'ordonner, c'est sur la toile que ça se fait, en cours de route, après. Le résultat n'est malheureusement pas souvent à la mesure de l'excitation initiale. Je suis rarement content, mais c'est un autre problème. Ce désordre, là, autour de nous, c'est un peu la même chose que mon esprit, c'est peut-être une bonne image de ce qui se passe en moi. c'est comme ça, c'est ma vie qui est ainsi.

MA – Mais il y a des repères dans vos tableaux...

FB – Oui, parfois, pour commencer, mais ils sont, la plupart du temps, très rapidement subvertis.

MA – En paraphrasant Picasso, on pourrait dire, si je comprends bien, que la peinture vous fait faire ce qu'elle veut.

FB – Oui, les choses se présentaient peut-être comme ça à lui. Il y a une telle profusion dans son œuvre, c'est incroyable, mais ce n'est pas du tout mon cas. Je ne sais pas si je pourrais dire une chose pareille pour moi.

MA – Lors d'une de nos conversations, l'année dernière, nous avions parlé de l'intérêt qu'il y aurait à organiser une exposition de certains de vos triptyques. A ce propos, il m'est venu plusieurs questions, tant en ce qui concerne les expositions qu'en ce qui concerne les triptyques. Et tout d'abord, qu'est-ce qui vous intéresse dans ce dernier genre pour que vous en ayiez réalisé autant?

FB – On m'a souvent posé des questions sur ce sujet des triptyques. A vrai dire, je ne sais pas bien. Je ne sais en particulier pas s'il faut parler dans mon cas de triptyque. Bien sûr il y a trois toiles, et l'on peut identifier cela à une vieille pratique. En effet, chez les primitifs, on trouve souvent l'utilisation du triptyque, mais pour moi cela correspond plutôt à l'idée de la succession des images qui existe par exemple au cinéma. Il y a souvent trois toiles, mais je ne sais pas si je ne pourrais pas continuer, en ajouter d'autres. Pourquoi n'y en aurait-il pas plus de trois? Ce que je sais c'est que j'ai besoin que ces toiles soient séparées les unes des autres. C'est pourquoi j'ai été si mécontent de la façon dont le Guggenheim avait encadré les trois volets de sa Crucifixion, tous dans un même cadre. C'était absurde. Je les voulais, et c'est vrai pour les autres toiles des autres triptyques, séparées.

MA – En quelque sorte, ce sont des séquences?

FB – Oui, c'est cela. En un sens ce sont comme des séquences. Une image, puis une autre, puis encore une autre, et le cadre rythme le défilement des images.

MA – Pourquoi avez-vous refait en 1988 une nouvelle version de votre triptyque de 1944 intitulé *Trois études de figures au pied d'une Crucifixion*? Pourquoi avoir repris cette œuvre, qui est en quelque sorte dans sa première version votre œuvre princeps, celle que vous considérez comme ayant marqué vos vrais débuts dans la peinture?

FB – Je ne sais pas. J'avais toujours eu l'intention de refaire cette toile dans un format beaucoup plus grand, et voilà, un jour l'occasion s'est présentée. Mais je n'ai pas fait exactement la même toile. Elle est un peu modifiée par rapport à celle de 1944, notamment en ce qui concerne les couleurs, puisque c'est l'orange qui prédomine dans la première version et le rouge dans la seconde.

MA – Et en matière d'exposition, avez-vous des exigences particulières concernant la présentation de vos toiles?

FB – Oui, je préfère toujours que mes toiles soient dans un cadre et sous-verre. C'est une idée d'aujourd'hui qui veut que l'on n'encadre plus les tableaux, mais j'ai l'impression que par rapport à ce que c'est que la peinture, c'est une idée fausse. Le cadre, c'est quelque chose d'artificiel, et il est là précisément pour renforcer l'aspect artificiel de la peinture. Plus l'artifice des tableaux qu'on réalise est apparent, mieux cela vaut, et même, plus la toile a des chances de marcher, de montrer quelque chose. Cela peut sembler paradoxal, mais c'est une évidence en art : on atteint son but par l'emploi du maximum d'artifice, et l'on parvient d'autant plus à faire quelque chose d'authentique que l'artificiel est patent. Prenez par exemple les poètes grecs ou classiques, leur langue était très artificielle, très construite. Tous, ils travaillaient à l'intérieur d'un cadre très contraignant, cela représentait une soumission considérable, et c'est pourtant ainsi qu'ils ont donné leurs plus grands chefs-d'œuvre, qui nous donnent à nous lecteurs cette impression de liberté et de création maximales.

MA – Pourquoi n'avez vous pas exposé depuis quelque temps?

FB – C'est ce que je vous disais, j'ai été vraiment malade pendant une période, et même cet hiver je n'ai pas été bien. Je n'ai pas pu travailler autant que je l'aurais voulu. J'ai fait néanmoins un nouveau triptyque à l'automne, et je vais peut-être exposer en octobre prochain à Madrid. Je vais aller à Madrid dans quelques jours. Je verrai.

MA – Et à Paris, cela fait longtemps que vous n'y avez pas eu une grande exposition, à vrai dire depuis celle du Grand Palais en 1971. Aimeriez-vous y exposer à nouveau?

FB – Oui, bien sûr, cela me donnerait une bonne occasion de faire le voyage. Vous savez, ce n'est pas parce que vous êtes français, mais la France est certainement le pays que je préfère de tous les pays que je connais. J'ai adoré Monte-Carlo et j'adore tellement Paris que quand j'y ai eu un atelier, je n'ai pas pu y travailler autant que je l'aurais voulu, parce que je sortais tout le temps, simplement pour regarder la ville. Ici, à Londres, on n'a pas vraiment envie de sortir. Il faut dire que je connais mieux Londres, et pour travailler, je suis moins tenté. Je vais régulièrement à Paris pour voir des expositions ou me balader. J'allais voir aussi Michel Leiris à chacun de mes voyages.

MA – Paris a beaucoup changé ces dernières années. Vous l'aimez pourtant toujours autant?

FB – Oui, c'est vraiment une très belle ville. En vérité, je ne trouve pas que ce qu'ils ont fait au Palais-Royal, la colonnade, ça marche, mais le Grand Louvre avec la nouvelle esplanade, et puis à l'autre bout, l'Arche de la Défense, je trouve que c'est bien comme c'est fait. Ils ont poursuivi le plan de Paris d'une certaine façon. Mais les voyages me sont devenus plus difficiles et puis, à Paris aussi j'ai des amis qui ont disparu, ne serait-ce que Leiris, et bien sûr, ça rend tout un peu différent.

MA – Il y a eu, il n'y a pas longtemps, une grande rétrospective de votre œuvre à New York. Vous ne vous y êtes pas rendu, pourquoi?

FB – Vous savez, cela dépend de l'état d'esprit dans lequel on se trouve au moment où ces choses ont lieu. Et puis, ce n'est pas très facile de savoir comment l'on percevra son propre travail, accroché là, sous les yeux. Les impressions que je retire de telles circonstances varient et parfois je peux trouver minable ce que j'ai fait, pis que tout, et c'est pourquoi je n'ai pas toujours envie d'aller voir mes expositions. Mais c'est une impression que j'ai aussi avec les œuvres des autres. Il faut être dans une certaine disposition pour regarder et la perception que l'on a de ce que l'on voit varie selon l'humeur dans laquelle on se trouve.

MA – La relativité de toute perception, en somme?

FB – Oui, c'est toujours ainsi lorsqu'on regarde un tableau. Je pense que chacun le traduit évidemment à sa façon. Ce que produisent en moi les portraits d'Ingres est tout autre chose que ce qu'ils produisent chez quelqu'un d'autre, et pas seulement parce que je suis peintre et que cette autre personne ne l'est pas. De même, le visage de n'importe qui que vous croisez dans la rue. Vous en recevez des impressions, et vous pouvez faire toutes sortes d'analyses à partir de ces impressions, et quelqu'un d'autre, voyant ce même visage, recevra des impressions très différentes et parviendra à des analyses très différentes également. Tout cela reste bien mystérieux. Même pour la couleur orange, qui est celle que je préfère, je ne pourrais pas éclaircir complètement les raisons pour lesquelles je trouve que c'est une si belle couleur.

MA – Ce que vous dites là rend tout travail critique excessivement difficile et aléatoire.

FB – Oui, mais cela me paraît très difficile de parler de toutes façons de la peinture. Cela m'a toujours semblé être le cas, et peut-être encore plus maintenant. C'est un monde en soi, la peinture, et il se suffit à lui-même. On ne dit rien d'intéressant la plupart du temps quand on parle de peinture. Il y a toujours quelque chose de superficiel. Que peut-on en dire ? Au fond, je crois qu'on ne peut pas parler de peinture, on ne peut pas.

MA – Mais pourtant vous y êtes très bien parvenu, et je ne pense pas seulement à nos entretiens.

FB – Mais c'est parce que je suis bavard, c'est mon côté irlandais. Mais vraiment, je ne crois pas cela possible, et même si cela l'était, ce n'est pas l'important. L'important pour un peintre, c'est de peindre et rien d'autre.

MA – Peindre en toute circonstance ?

FB – Oui, même des faux, pourvu qu'il peigne.

NOTE SUR LES ENTRETIENS

Le texte de ces entretiens a été établi à partir de l'enregistrement des rencontres qui ont eu lieu entre Francis Bacon et Michel Archimbaud dans l'atelier de l'artiste d'octobre 1991 à avril 1992. Elles devaient se poursuivre, notamment à Paris, où Francis Bacon avait prévu de se rendre après son séjour à Madrid, ville où il est mort le 28 avril 1992.

REMERCIEMENTS

La parution de cet ouvrage me donne l'occasion de remercier :
Pierre Boulez à qui je dois d'avoir rencontré Francis Bacon ;
Mrs Valérie Beston de la Marlborough Gallery à Londres, pour l'amitié qu'elle me témoigne ;
Laurent Bayle, qui m'a accueilli au sein de la revue de l'IRCAM, *Inharmoniques.*

Francis Giacobetti, mon ami et complice

Jérôme Hébert ;
Caroline Le Gallic, pour les traductions de ceux des entretiens qui étaient en anglais ; Éric Adda, pour le soin qu'il a mis à l'établissement du texte de cet ouvrage ; enfin Françoise Posselle qui, grâce à la connaissance qu'elle a de la peinture, m'a grandement aidé dans la préparation de ces entretiens.

CHRONOLOGIE

1909. *28 octobre.* Naissance de Francis Bacon à Dublin, de parents anglais. Il est le deuxième de leurs cinq enfants. Son père est éleveur et entraîneur de chevaux de course.

1914-1925. A la déclaration de la guerre, la famille Bacon s'installe à Londres. Elle vivra ensuite alternativement en Irlande et en Angleterre. Francis Bacon, qui souffre d'asthme, reçoit les leçons d'un précepteur. A seize ans, il quitte sa famille pour Londres, où il vit de petits travaux d'employé.

1927-1928. Voyage à Berlin, puis à Paris où il fait quelques travaux de décoration. L'exposition Picasso à la galerie Paul Rosenberg détermine sa vocation de peintre.

1929. De retour à Londres, il expose des meubles et commence à peindre à l'huile. Il abandonne progressivement ses activités de décorateur pour se consacrer à la peinture, et gagne sa vie en exerçant divers petits métiers. Rencontre Eric Hall.

1933. Participe à deux expositions collectives et peint des *Crucifixions*.
1934. Exposition personnelle à la Transition Gallery qu'il a installée lui-même et qui connaît peu de succès.
1936. Refusé à l'exposition surréaliste internationale : l'œuvre présentée n'est pas « assez surréaliste ».
1937. Participe à l'exposition collective « Young english painters » organisée par Eric Hall.
1941. Quitte un temps Londres pour la campagne.
1942-1944. Retour à Londres. Réformé pour asthme, il est affecté à la Défense civile (ARP). Détruit la plupart de ses œuvres.
1944. Recommence à peindre, notamment *Trois études de figures au pied d'une Crucifixion*, qui sera acquis en 1953 par la Tate Gallery.
1945. Exposition collective à la Lefevre Gallery. Les *Trois études font scandale.* Expose également *Personnage dans un paysage*.
1946-1950. Participe à plusieurs expositions collectives. Fréquents séjours à Monte-Carlo. Expositions personnelles à la Hanover Gallery de Londres, qui sera son marchand pendant dix ans. Commence à peindre les séries de *Têtes*. En 1948, Alfred Barr achète *Peinture 1946* pour le Museum of Modern Art de New York. En 1950 rend visite à sa mère en Afrique du Sud et passe quelques jours au Caire.
1951-1955. Change plusieurs fois d'atelier. Participe à de nombreuses expositions collectives.

En 1951 commence à peindre ses premiers *Papes*. En 1952, se rend à nouveau en Afrique du Sud. En octobre-novembre 1953, première exposition personnelle à l'étranger, chez Durlacher Brothers à New York. En 1954, il peint la série des *Hommes en bleu*. Représente la Grande-Bretagne, avec Lucian Freud et Ben Nicholson, à la XXVIIe Biennale de Venise. Ne se rend pas à la Biennale, mais visite Östie et Rome. Malade, il ne va pas voir le *Portrait du Pape Innocent X* de Vélasquez, dont la reproduction a inspiré ses *Papes*.

1955. Première rétrospective de son œuvre à l'Institute of Contemporary Arts de Londres. Exposition collective à la Hanover Gallery, où il présente des portraits de William Blake. Participe à de nombreuses expositions collectives aux États-Unis.

1956. Premier voyage à Tanger, en été, pour rendre visite à son ami Peter Lacey. Il loue un appartement où il séjournera fréquemment pendant les trois années suivantes.

1957. Première exposition à la Galerie Rive Droite à Paris. Expose à la Hanover Gallery sa série des *Van Gogh*.

1958. Rétrospective de son œuvre à Turin, puis Milan et Rome. *16 octobre* signe un contrat avec la galerie Marlborough Fine Art Ltd de Londres. Représente la Grande-Bretagne au Carnegie Institute de Pittsburgh.

1959. Expose à la Ve Biennale de São Paulo. Participe à des expositions collectives à Paris, New York, Kassel.

1960. Première exposition à la Marlborough.

1962. Premier grand triptyque, *Trois études pour une Crucifixion,* acquis par le Solomon R. Guggenheim Museum de New York. Grande rétrospective de son œuvre à la Tate Gallery de Londres, présentée ensuite avec quelques changements à Mannheim, Turin, Zürich et Amsterdam. Mort de Peter Lacey.

1963-1964. Rétrospective au Solomon R. Guggenheim Museum de New York, puis à l'Art Institute de Chicago et à la Contemporary Art Association de Houston.

1964. Se lie avec George Dyer. Peint le grand triptyque *Trois personnages dans une pièce,* qui sera acquis par le Musée national d'Art moderne de Paris.

1965. Peint sa grande *Crucifixion,* triptyque acquis par le musée de Munich.

1966. Lauréat du prix Rubens de la ville de Siegen, RFA. Expose à la galerie Maeght à Paris. Assiste au vernissage.

1967. L'exposition de la galerie Maeght est présentée à Rome, à la Marlborough Galleria d'Arte, à Milan et à Londres, à la Marlborough.

1968. Séjourne brièvement à New York pour le vernissage de l'exposition de ses peintures récentes à la Marlborough-Gerson Gallery.

1971-1972. Importante rétrospective au Grand Palais à Paris. Mort à Paris de son ami et modèle George Dyer. Il peint à sa mémoire le grand *Triptyque 1971*. En mars 1972, la rétrospective du Grand Palais est présentée à la Kunsthalle de Düsseldorf.

1975. Grande exposition de ses peintures récentes au Metropolitan Museum of Art de New York. A cette occasion, il se rend à New York.

1976. Expose au Musée Cantini à Marseille.

1977. Exposition à la Galerie Claude Bernard à Paris. Assiste au vernissage. Exposition au Museo de Arte moderno à Mexico, puis au Museo de Arte Contemporaneo à Caracas.

1978. Expositions à Madrid et à Barcelone.

1980. La Tate Gallery achète son *Triptyque*, août 1972. Expose à la Marlborough de New York.

1983. Exposition au Japon, à Tokyo, Kyoto et Nagoya.

1984. Expose à la Galerie Maeght Lelong à Paris. Exposition de ses œuvres récentes à la Marlborough Gallery de New York. Bref séjour à New York.

1985-1986. Nouvelle rétrospective de son œuvre à la Tate Gallery de Londres. L'exposition est ensuite présentée à la Staatsgalerie de Stuttgart et à la Nationalgalerie de Berlin. Visite Berlin avec son ami John Edwards. Peint un grand *Autoportrait* en triptyque.

1988. Expose à Moscou, à la Maison centrale des Artistes de la Nouvelle Galerie Tretyakov. Peint une deuxième version du triptyque de

1944, *Trois études de figures au pied d'une Crucifixion.*

1989-1990. Exposition à la Smithsonian Institution de Washington, présentée ensuite au Los Angeles County Museum of Art, puis au Museum of Modern Art de New York.

1990-1991. Exposition à la Tate Gallery de Liverpool.

1992. *Avril.* Se rend en Espagne pour retrouver des amis. Meurt à Madrid, le 28 avril, d'une crise cardiaque.

BIBLIOGRAPHIE

Ades Dawn et Forge Andrew, *Francis Bacon*, Thames and Hudson, Londres, publié en association avec la Tate Gallery, Londres, 1985.

Collectif, *Bacon*, Opus International, n° 68, Éd. Georges Fall, Paris, 1978.

Collectif, *Francis Bacon*, Art International, n° 8, Paris, automne 1989.

Collectif, *Spécial Francis Bacon*, Artstudio, n° 17, Paris, juin 1990.

Collectif, *Francis Bacon Retrospective Exhibition*, MOMA, New York, juin 1990.

Davies Hugh et Yard Sally, *Francis Bacon*, Abbeville Press, New York, 1986, (éd. allemande) C.J. Bucher, Munich.

Deleuze Gilles, *Francis Bacon, Logique de la Sensation*, Éd. de la Différence, Paris, 2 vols., 1981.

Dupin Jacques, *Notes sur les dernières peintures*, Repères, Cahiers d'art contemporain n° 39. Galerie Lelong, Paris, 1987.

Gowing Lauwrence et Hunter Sam, *Francis Bacon*, Thames and Hudson et Hirshhorn Museum and Sculpture Garden, Smithsonian Institution, Washington, D.C., 1989.

Leiris Michel, *Francis Bacon ou la vérité criante*, Éd. Fata Morgana, Paris, 1974.

Leiris Michel, *Francis Bacon, Full Face and in Profile,* Phaidon, Londres et Rizzoli, New York ; (éd. française) Albin Michel, Paris ; (éd. allemande) Prestel Verlag, Munich ; (éd. italienne) Rizzoli, Milan ; (éd. espagnole), Poligrafa, Barcelone, 1983.

Rothenstein Sir John, *Francis Bacon,* The Masters, Fratelli Fabbri, Milan, 1963 ; Purnell and Sons, Ltd., Londres, n° 71 ; Hachette, Paris, 1967.

Rothenstein Sir John et Alley Ronald, *Francis Bacon,* catalogue raisonné, Thames and Hudson, Londres, 1964.

Russell John, *Francis Bacon,* Série « Art in Progress », Methuen and Co., Londres, 1964.

Russell John, *Francis Bacon,* Thames and Hudson, Londres ; Les Éditions du Chêne, Paris ; Propylaen Verlag, Berlin, 1971.

Russell John, *Francis Bacon,* édition révisée, World of Art Series, Thames and Hudson, Londres et Oxford University Press, New York, 1979.

Schmied Wieland, *Francis Bacon : Vier Studien zu einem Porträt,* Frolich & Kaufmann, Berlin, 1985.

Sylvester David, *Interviews with Francis Bacon,* Thames and Hudson, Londres et Pantheon Books Inc., New York ; *L'Art de l'impossible,* préface de Michel Leiris, Série « Les Sentiers de la Création », Éd. Albert Skira, Genève, 1976 ; Entrevistas con Francis Bacon, Ediciones Poligrafa, S.A., Barcelone, 1977 ; 3ᵉ édition révisée, *The Brutality of Fact : Interviews with Francis Bacon,* 1987. Traduction du 9ᵉ entretien Sylvester/Bacon par Michel Leiris, Françoise Gaillard, Repères, Cahiers d'art contemporain, n° 39, Galerie Lelong, Paris, 1987.

Zimmerman Jörg, *Francis Bacon : Kreuzigung,* Fischer Taschenbuch Verlag GmbH, Francfort, 1986.

Impression Novoprint
à Barcelone, le 9 octobre 2019.
Dépôt légal : octobre 2019.
1er dépôt légal dans la collection : avril 1996.
ISBN 978-2-07-032926-7 / Imprimé en Espagne

363939